탈환의 여운

정해운 시선집

정해운 작가의 첫 번째 시선집

"돌아올 수 있는 걸 실종이라고 믿고 싶었다.
부디 말하면서 사랑을 되찾고 싶었다."

작가의 말

 감정은 분명했다. 삶에 있어 그것은 나와 생사를 두고 쟁탈전을 벌이는 적이었다. 산다는 건 틀림없이 전쟁과 다름없었다. 나라는 존재는 언제나 실의에 빠진 형태였고 시간의 흐름이 일방적인 혈투라는 걸 자각할 수 없을 때는 옴나위없이 잃기만 했다. 생존하기 위해 내게 존재하지 않았던 것도 빼앗는 약탈을 견뎌야 했다. 단지 불로불사가 아닌 몸에서 허무라도 지키고 싶었다.

 기막힌 순간이 잦았다. 잃어버린 세월과 감정이 숱하디숱했다. 끊임없이 언제 사라졌는지조차 모르는 모호한 순간에 살았다. 자꾸 빼앗기는 와중에 되찾으려 노력하지 않았던 내가 이제는 줄 것도 없어서 외려 미안할 지경이다. 멍청해지는 와중에 박수 소리가 듣고 싶었을까. 다 잃은 뒤에도 활짝 웃고 싶었을까.

불명확한 원통함이었다. 그럴 때면 감정의 피인지 나의 피인지 모를 사투 끝의 혈흔을 남기는 마음으로 글을 썼다. 비록 반듯한 호소가 아닐지라도 누구의 피인지, 반성의 기미나 후련함을 알 수 없었기에 일말의 죄책감도 없이 못난 출혈에 스스로 잘잘못을 따지지 않았다.

이렇게 쓰다가는 화만 날 것 같았다. 빼앗긴 사람들은 동정이라도 얻는데 홀로 우두커니 절망을 추정하는 내가 안쓰럽게 느껴졌다. 누군가 내 글을 보고 살기 위해 발악했다고 말해주기를 빌었다. 혼자 악전고투했다고. 승리를 위해서가 아니라 패배를 무릅쓰고 자신을 지키기 위해 싸운 것뿐이라고.

부재에서 실재가 되었던 것들이 곁에서 다시 사라질 때 간절히 붙잡고 싶었다. 결함이 생겨도 되찾는 싸움에서 반드시 이기고 싶었다. 그러나 성의 없는 침략에 외로움을 방패로 삼던 나의 업적은 통곡이었다.

길이 남지 않아도 괜찮다는 생각으로 하루를 보냈다. 내가 흘린 눈물의 세월을 기억하지 못하는 날이 오기를 바랐고 힘들게 버티는 순간조차 무방비로 느꼈으면 했다. 아무것도 준비된 상태가 아닐 때 나는 무엇을 빼앗겼을까. 나도 모르게 허무해진 기분을 또 뭐라고 할까.

이곳에서는 정상이라는 착각 속에서 모두가 예민해진다. 자신의 상처를 닦아내는 감촉이 하나씩 느껴지며 끝내 잘못을 알아차린다. 손에 묻은 자국의 행방을 깨닫고 우리는 영문도 모른 채 없었던 것을 찾기 위해 움직인다. 탈환하는 중에 슬픔과 울화가 치밀어도 결코 울분을 잊어서는 안 된다.

나는 되찾고 우리는 덜어낸다. 편을 가르지 않는 명분들을, 행복의 유사함을 이곳에서 보란 듯이 되찾는다. 불운하게 가진 것도 없었던 사람과 여러 차례 탕진을 경험한 이들이 생에서 제일가는 넉넉함을 챙길 수 있도록,

탈환의 여운이 영원토록 가시지 않기를 바란다.

차례

작가의 말 · 8

1장. 전쟁터에서

전쟁	18
야반도주	20
어른	22
단독	24
진심	26
실종	29
덤	31
환상	34
초벌	37
역할극	39
주차장	41
봉변과 속박	44
독식	46
속새질	48
겁	50

2장. 빼앗긴 것

포로	54
불굴의 투쟁	56
눈물의 주제	58
자화자찬	60
감시자	62
약속의 갈피	64
구원자의 본분	66
귀가 본능	69
연소한 후회	71
벗은 몸의 멋	73
코미디릴리프	75
동맹	77
탈바꿈	79
초 단위로 도륙하기	81
과한 채비	83
필두	85
미련을 우려먹다	87
나 홀로 경찰과 도둑	89
왜곡	91
용의주도한 재회	93
선잠을 자는 사람	95
이별의 가속도	97
파병이었던 사랑	99

3장. 되찾은 것

반격	104
지휘권	106
상납 돈도 잘라먹는다	108
시간아 착하다	110
분신을 수습하는 마음	112
고래 싸움에 새우라도 잡자	114
모포를 덮어주는 사람과	116
연막을 치다	118
수렵기	120
부릅뜨기	122
독보적 여유	124
아군 사격 중지	128
운집한 곳에서 사는 게 쉬울까	130
무명용사	133
세뇌	135
자신과의 싸움이 아닌 마라톤	138
이상 없습니다	141
자랑스럽다	144
전능	147
기다리라는 말	149
비리와 비밀	152

4장. 승패와 상관없이

우리는 맡은 바 최선을 다했다	158
생존자의 증언	160
트라우마를 안고	164
희생정신	167
숙청되는 말	170
울기는 왜 울어	172
동심 파괴	175
나를 모방해줄래	178
습격	181
누가 누굴 가르쳐	184
소수의 사랑	187
진로 해방	190
하니 빼기	194
밀고 당기는 건 마치	197
생사를 확인하고 와	200
식별	205
감정 놀음판	209
결정타	212
탈환의 여운을 마무리하며···	216

1장. 전쟁터에서

전쟁

 마치 비밀리에 준비된 사투인 것 같았다. 기척도 없이 상처를 입고 감정을 빼앗기고 있었다. 눈물을 흘릴 겨를도 없는 아비규환이었다. 소중한 기억들만 전사하고 있었다. 지키기 위해 싸웠다기에는 이미 뜯긴 뒤였고 되찾기 위해 고군분투했다기에는 되레 두고 오고 싶은 것들이 많은 세상이었다.

 난리가 길어지면서 갖지도 버리지도 못했다. 허탈하게 상처를 남기고 육박전의 소모만이 지속될 뿐이었다. 공허의 몸에서 신발명이라도 하고 싶었다. 운이 좋게 사랑이란 이름의 칼과 행복이란 명의 총을 고안하면 안심이 됐으니까. 잠시의 평온을 위해 하마터면 정말 사랑할 뻔한 적도 있었다. 진심으로 완성형의 행복을 가질 수 있었던 순간도 있었다. 그러나 전쟁 도중에 누군가를 사랑한 것 같았다. 절규 속에 나만 웃고 있는 것 같았다. 난리법석의 세상에는 아무것도 통하지 않았다. 사랑과의 전쟁이었다. 행복과의 전쟁이었다.

위험천만한 세상에 누구도 끌어들일 수 없었다. 아무것도 갖추고 있을 수조차 없었다. 승산이 보일 때 사랑하고 싶었다. 이대로 죽어도 좋겠다 싶을 때 현란하게 웃으며 내가 만든 개인화기를 모조리 들고 세상에 진격하고 싶었다. 얻을 수 있다고 믿는 것보다 잃을 게 더 많다고 생각했기 때문에 단지 함부로 목숨을 내걸지 않을 뿐이었다. 그랬다. 이곳은 전쟁터였다. 싸우는 삶이었다.

야반도주

 멀뚱하게 있을 때면 갈취를 목적으로 달려드는 세상이 만만하게 느껴졌다. 빼앗겨도 애초에 가망이 없어 무지한 상태. 보이지 않고 기척도 느끼지 못하는 그런 밤. 누군가의 손길을 바라는 외로움조차 알아차릴 수 없는 야심한 상태가 좋았다.

 내게 강함을 부여하는 것 같은 밤을 사랑했다. 정서를 잃기 직전. 처절함을 벗어던질 수 있는 깊은 잠과는 상관없이, 눈을 감고 세상을 등한시하지 않고도 감정을 피하지 않는 자세를 취할 수 있는 기분 좋은 어둠이었다.

 눈을 감은 채로 잃어버린 하루가 길었다. 다 빼앗기고 남은 것도 없이 눈을 뜬 순간 허기가 들어차도 분하지 않았다. 외려 아무런 기복도 없이 무념무상으로 위기를 감당한 나 자신이 믿음직스러웠다. 심오함이 근사해지는 밤이면 작위적인 어둑한 모습이 아니라서 나는 자꾸만 멍해졌다.

그러나 문득 이러한 태도가 방어적이라는 걸 눈치채면 감당할 수 없는 외로움에 사무쳤다. 스스로를 약자라고 인정한 꼴이 된 것 같았다.

그럴 때면 함께할 대상을 숨죽여 바랐다. 동반하는 야반도주를 꿈꿨다. 눈을 떴을 때 분해져도 단지 고적함은 피하고 싶었다. 떠받게 되는 대상과 손을 잡고 나가는 일. 내가 잃어가는 걸 똑바로 마주하려 했다.

우리가 된다는 건 어쩌면 패하는 과정을 가장 힘들이지 않고 배웅할 수 있는 수단일까. 사람답게 느끼는 극도의 상실감을 아름답다고 말하게 되는 것일까.

함께 달아나는 중 깨달았다. 같이 잃으면서 알게 되었다. 우리가 살았던 밤이, 당신과 깨어있던 나의 수작이 유일한 무기가 되었다는 것을. 그런 한밤중에 나를 잃어도 괜찮다고 생각했다는 것을.

어른

촉망을 받을 때가 정해진 것 같았다. 어른이 되면 누구보다 행복하게 살 줄 알았던 내게 사과하지 못한 날이 겹겹이 쌓여 있었다. 나는 몇 번의 계층을 헤아렸고 낙담을 직면한 뒤 미래를 포기했었다. 그리운 전적을 휩쓸었던 내가 어느 곳에 있는지 가늠도 되지 않았다.

어린 시절 좋아했던 사탕을 입에 넣고 쓰레기를 주머니에 넣었다. 그렇게 뭉친 시간의 기복이 쌓여만 갔다. 지났다는 말과 세월이라는 말을 뱉을 때 입안에서 금으로 씌운 이가 반짝였다. 예뻐서 팔아넘기고 싶은 내 모습이었다. 너무 오래 삭이고 지겨울 만큼 과거를 되새기고 있었다.

솔직한 심정으로 상관없었다. 쓰레기처럼 시간이 흘러 미련이 생기는 건 너무나 자연스러운 일이라고 믿었다. 그러나 대신 버려줄 사람이 내리 함께 있을 거라고 예상했던 어린 내게 용서를 구하고 싶어졌다.

어느 곳 하나 결속되지 못한 나는 줄곧 주머니에 있는 쓰레기를 치우지 못했다.

사탕을 먹으며 기억나지 않는 과거에 집착하는 게 나를 용서할 수 있는 유일한 방법이었고, 남들과 비슷하게 과거를 처분하지 않은 건 이미 떠나간 시간조차 계속 사랑하기 위해서였다. 나는 후회해도 항상 떳떳하고 싶었다.

어른이 어린아이에게 하는 용서는 받아들일 수 있지만, 지금의 내가 과거에 사과해도 닿지 않는 까닭이 주머니에 있었다. 내가 다 큰 줄 알았다. 성숙한 입맛으로 변한 줄 알았다. 나는 그 맛을 느낄 줄 알았다.

착오를 사랑하는 건 나를 사랑하는 것. 여전히 사탕을 먹으면 좋아한다는 것.

성숙하지 못한 내가 감히 앞서간 실수도 사랑했다. 나 좋은 일만 계속했다. 그저 어린 시절의 나도 배부르게 먹이고 싶을 뿐이었다.

단독

 나는 시야에 눈물이 차오르면 거짓과 내통했다. 혼자라서 슬픈 현실을 눈치 없이 단독적으로 울 수 있다는 기분 좋은 기회로 생각했다. 가끔 아무것도 아닌 일에도 능청스럽게 혼란스러워졌다. 나의 눈물이 거짓이라는 걸 알면서도 오직 울기 위해 자신에게 놀아난 것 같았다.

 위로가 필요할 때면 힘들이지 않고 내게 속아줬다. 가장 익숙한 모습은 비로소 혼자가 됐을 때 발현돼서 그 순간이 순수한 본연의 나라는 착각에 빠졌다. 그로 인해 힘차게 단독으로 살았다. 타인과 함께하는 나를 깊게 관찰할 필요가 없었다. 그러나 홀몸으로 열을 올리려는 순간 나를 남몰래 엿보는 이들이 있었다. 분명한 건 단신이었던 이 몸을 지켜보던 사람이 있다는 사실이었다.

 나를 분석하는 중에 곧바로 평가되는 기분이 느껴졌다. 처음에는 그런 순간이 기분 나쁘다고 여겼다. 그들은 먼발치에서 나를 지켜보는 일로 그치지 않고 하찮은 결과를 가져와 대놓고 능욕하기까지 했다.

그들은 때에 따라 회심의 칭찬을 말했지만, 나는 그들의 거짓에 놀아나지 않았다. 거짓을 사랑하며 나를 지킬 때 그들이 기다린 건 가식적인 눈물이었다. 속을 수 있지만 포기하고 아파한 유의적인 슬픔이었다.

어쩌면 그들이 야심 차게 노린 것은 내가 기만했던 유일한 희망일지도 모른다.

당신은 거짓을 사랑한 적이 있을까. 그렇다면 감찰이 필요한 게 아닐까. 혹 지금 눈시울이 붉어진 당신의 슬픔이 단독이라면 누군가 숨 가쁘게 경계하고 있음을 잊지 않는 것. 어림잡아 사랑이라고 짐작해 보는 것.

우리는 희망이 무엇인지 알고 있다. 이건 거짓이 아니다. 누가 나를 욕하고 있을까. 누가 내게 희망을 주고 있을까. 나는 과연 나로 존재할까.

진심

 한계가 없는 말이라고 생각했었다. 죽고 싶다는 말을 너무도 쉽게 뱉는다고 여기는 세상에서 진심을 알아주지 않고 외면하는 현실이 문득 고마웠기에 나는 더 크게 외쳤다. 거듭 모른 체하는 곳에서 내가 뱉은 말에 책임을 느끼지 않을 수 있다는 건 어쩌면 다행이라고 여기게 되었다.

 남들이 이해하지 못하는 일을 저질러야 속이 후련했다. 화를 낼 정도의 일이 아닌데 험악해질 때 심술이라도 부려야만 거짓말을 수더분하게 넘길 수 있었다. 농담과 장난이라도 있어서 다행이었다. 내 감정에 너무 솔직히 행동하면 내게 가장 자연스러운 행동이 남들에게는 이상해졌으니까. 그럴 때 심술을 부렸다. 그렇게 버텼다.

 정말 하고 싶은 말을 유일한 용기에 힘입어 뱉을 수 있던 건 장난이 될 수 있기 때문이었다. 너를 좋아한다거나 죽고 싶다는 진심이 농지거리로 한 말이 되면 결국엔 거짓으로 남아도 속은 후련했으니까.

누군가를 사랑할 때 안아주지 않고 뒤통수를 후려치고 도망가는 게 최선이었으니까. 나는 항상 뜸을 들이다가 정성을 다해 말했다.

"살려주세요."

나의 말을 농으로 들을 거라고 확신하면서도 진심으로 바라는 구원이었다.

어느새 살고 싶다는 생각이 나의 동태를 살피고 있었다. 세월을 피하는 고민이 아니라 풍파를 맞는 게 더 나은 희망처럼 여겨질 때 사람이 더 싫었다. 가끔 나의 울부짖음을 진심으로 들으려는 사람이 나타나면 더 불운하게 소리쳤다. 나의 아픔을 감당하지 못하고 상대도 포기하는 걸 보면 외려 마음이 편해졌으니까. 어차피 구원하지 못할 길 알았기 때문에 그렇게 농담이라도 따먹으며 살아남았으니까.

진심을 외면하는 사람에게 반감이 들지 않을 때가 평안에 머물렀다면 지금의 나는 진심으로 죽고 싶다고 말해도 되지 않을까.

이미 멀어진 사람에게 들리지 않을 소음으로 육감의 방해 없이 조잘대면 나는 그것만으로 살 수 있다고 생각했다.

나의 진심이 나를 도외시하기 전에 달래주는 것. 더는 통곡할 기운도 없다는 말을 하기도 전에 알아차려 주는 것. 나는 한 차례의 거짓도 없었다. 매번 뱉은 말이 진심이었다. 어쩌면 정말 살고 싶었다.

당신도 나와 같은 방식으로 진실된 생존 수단을 실패라고 말하고 다녔을까. 도움을 바라는 중에도 우리의 억지스러운 침착이 구원을 묵살했던 건 아니었을까.

실종

 시선이 두려웠다. 나를 보는 사람들의 혼잣말을 예상하는 것도 허덕이기 시작했다. 내가 바라보는 곳에 수많은 속사정이 도사렸다. 피할 수도 없어서 종적을 감추고 싶었다. 나와 타인을 한시에 떠올리기가 싫었다.

 사람이 없는 곳을 추정했다. 너무나 자연스러운 실종이었다. 말은 흔적도 없이 사라졌고 생각조차 하지 않게 되었다. 그저 평온한 공백을 느낄 따름이었다. 혼자가 된 나는 아무런 말도 하지 않았다. 인적이 없는 곳에서의 친근한 외로움이었다.

 한참을 걸으며 한산한 길에서 만난 고양이와 눈을 마주했을 때 진가를 알았다. "야옹, 야옹." 나는 중얼거렸다. "야옹, 야옹." 나는 떠올렸다.

내가 평온이 절박했던 까닭은 "너를, 너를." 부르고 싶어서가 아니었을까. 내가 시선이 두려워 실종을 바랐던 건 "네가, 당신이" 없어서가 아니었을까.

돌아올 수 있는 걸 실종이라고 믿고 싶었다.
부디 말하면서 사랑을 되찾고 싶었다.

덤

 근사한 시절이 있었다. 우정이 우선, 사랑이 전부, 자유가 생명, 중독성 깊은 것들은 활기, 돈이라는 용기, 명성은 운, 건강은 태, 그리고 내 편은 광.

 모든 걸 갈구했어도 때에 따라 하나만 가질 수 있는 시절이었다.

 우정을 잃어도 사랑을 택했던 밤. 자유를 배반하면 늘어가는 한숨. 아플 때 눈을 감으면 떠오르는 추억 하나. 벅차오를 때 어느새 느려진 시간을 얻으면 느닷없이 짙어진 주름. 조용한 방을 비추는 단 하나의 조명처럼. 그런 빛 하나.

 잠시 눈을 찡그리게 만드는 섬광처럼 내가 얻고자 하는 게 있으면 어느덧 다른 암흑이 약점을 파고들었다. 나의 시야는 그럴 때 심각한 밤이었다. 아무리 행복한 시간도 정신은 습함과 건조로 초췌해졌다.

"덤으로 하나만 더. 아니, 모조리 다."

영악하고 포악해도, 더럽고 우악스러워도, 덤으로 모든 걸 가질 수 없을까. 잠시 구차한 생각을 내면에 칠해두었다. 하지만 마침내 신은 공평하다는 걸 알았고. 그렇다면 나만의 방식으로 조금씩 거역하겠다며 이대로인 삶을 받아들였다.

술이 목구멍을 타고 내려올 때 담배 연기를 함께 채웠고, 치킨을 시킬 때 잔뼈가 쌓여도 떠나지 않을 누군가와 함께했다. 나는 그렇게 하나씩 더 채워갔다.

그런데 이상하리만큼 하나만 있어도 다 충족되는 기분을 느꼈다. 당신과 함께 있을 때 자유도, 사랑도, 중독성 가득한 것들도, 돈이며 명성 따위도, 불명확한 삶도 모두 넘치게 덤으로 들어왔다.

왜 하나씩 구분을 지으며 찾아 헤맸을까. 정답은 여기 옆에, 지금도 내 앞에 있는데.

덤을 바란다는 것은 소중한 무언가를 아직 찾지 못했다는 것. 너무 많이 잃어버린 것. 남은 거라도 지키겠다고 펼치는 싸움터. 덤으로 시작한 전쟁의 삶이었다.

환상

 잃어버린 곳에서 상주하다가 내가 사라진 기분이었다. 희미해지면서 안타까운 것들이 많았다. 환상에 살다가 넌지시 이별한 계절이 싫었고 대범해야 하는 순간 실제를 구별하지 못하고 가련했던 나를 용서하지 못했다. 매번 성찰하는 중에도 누군가에게 불찰이었던 현실이 미웠다. 그럴 때 나는 환상에 들어가 살았다. 헛된 생각을 할 때만큼은 나를 가엾다고 여기지 않을 수 있었다.

 사람들과 함께하는 순간에도 나는 골몰했다. 실은 환상에 빠져 있는데. 그곳에서 잘난 척을 하며 미련을 건지고 있는데. 덕분에 어느 곳에서도 어울리지 못했다. 그저 추했던 나를 찾기 바빴다. 막상 불쌍해도 신통한 척을 하고 싶었다.

 "분위기 잡지 말고 제발 정신 좀 차려."

 나의 전념을 망상으로 의식하는 자들에게 내 노력이 물거품으로 인식될 때면 번듯하게 거짓을 말했다.

이 장면을 어디서 본 적이 있다고. 마치 기시감 같은 거라고. 이곳에서 당신들과 함께 이렇게 될 줄 알았다고. 신비한 척을 했다. 그러자 내게 정신을 차리라고 말했던 이들도 내 환상에 집중했다: 어떤 꿈이었는데. 우리가 어디서 무엇을 했는데. 다음은 어떻게 됐는데. 그럴 때 나는 할 말을 잃었다. 내가 사는 곳이 침범을 당한 것 같았다. 현실과 환상을 구분하지 못했다. 짜고 치는 생각을 하고 더해줄 말이 없었다. 결국 우리는 다 같은 부류의 과대망상자가 됐다.

내 거짓의 환상이 타인의 세상을 혼란에 빠뜨리면 그들은 길게 침묵했고 저마다의 미련을 헤집었다. 상상으로 끝없는 후회를 끄집어냈다. 그럼 내가 억지로 그들을 환상에 빠뜨린 것 같은 죄의식을 느꼈다. 계속 거짓을 말하면서 변함없이 이런 순간에 느껴지는 죄의식도 현실이 아닐 수도 있다는 긴장감에 다시 안도하게 됐다. 또다시 환상으로 가는 변덕이었다.

우리가 살아도 사는 것 같지 않은 세상은 현실일까 환상일까. 그들을 환상에서 깨우기 위해 다시 거짓을 말했다. 어쩌면 나는 이 말을 믿고 싶었다.

"괴로움은 괴로운 것일 뿐이야."
실은 그 말도 거짓이었다.

초벌

 무엇이든 한 번에 끝나는 법이 없었다. 사무치며 감행한 모든 일이 다음을 위한 예비 동작에 불과했다. 타인을 부를 때도 대책이 필요했다. 그저 한 번 부르고 말기에는 곱절의 반추가 상당했다.

 넌지시 부르기 시작했다. 시작도 안 해볼 사랑처럼. 어차피 다시 느낄 수밖에 없다는 이유로 어떤 감정도 내가 눈치채지 않을 슬픔이기를 바랐다. 그렇게 회한이 없으니까 발전도 없을 사람처럼, 자꾸만 속삭이듯 나를 대하기 시작했다. 한없이 작아진 나의 일격으로 세상을 마칠 수 있을 거라고 믿었다.

 아무도 모르게. 아무것도 알아선 안 되는 마음으로. 처음이자 끝인 것처럼.

 거듭되는 일은 자꾸만 초라해져서. 분명한 행복도 언제나 부끄럽기는 매한가지라서.

너무 커진 슬픔 앞에서 눈물을 흘리는 순간에 나는 변칙적인 울음을 궁리해야 살 수 있었다. 첫 경험으로 만족해야 늘 다음을 기약하지 않을 수 있었다. 또 울고, 그쳤다가도 다시는 울고 싶지 않은 세상이었다.

전할 말을 전하지 않았다는 건 거듭 시작하지 않기 위해서였다. 울고 웃다가 다시 울지 않는 건 웃고만 싶어서였다.

오늘도 네 이름을 부르지 못했다. 처음이 없는 미련이었다. 눈물을 꾹 참았다. 다시는 아프지 않기 위해. 너를 또 생각하지 않기 위해.

역할극

 죄인과의 화해는 어렵지 않았고 반역자에게 용서는 마땅했으며, 이별 후 새로운 사랑은 가식적이었어도 충분했다. 단 내가 삶의 주인공이었다면 무엇이든 쉽게 내렸을 결정이었다. 인생이 나만을 위한 무대라면 단연 어렵지 않은 선택이라고 생각했다.

 삶을 사는 도중에 반주인공으로 기세가 바뀐 걸 눈치챘을 때 이 모든 걸 이해할 수 없게 됐다. 죄인은 싫었고 반역자는 무서웠다. 사랑이 떠나갔다는 사실조차 믿을 수 없었다. 나의 삶을 과몰입한 사람들과 동시에 호흡하는 느낌이었다. 나만 숨을 쉴 수 없었다. 다른 삶을 탐내거나 슬퍼도 괜찮다고 여길 때 연극이 망하고 있있다.

 사랑하는 사람에게 꽃을 선물할 때 꽃이 주인공처럼 사랑받았다. 나는 여기 있는데. 그걸 마련한 내가 아쉬울 따름이었다. 서운한 순간 나 대신 빛을 받는 건 울음이었다. 슬픈 건 난데 눈물만 판독되는 기분.

분노의 장면에서 솟아오르는 핏줄만 돋보일 때면 아무것도 되고 싶지 않았다.

그럴 때 내 삶에 주가 되기를 포기했다. 책임이라는 명목으로 싫었던 사람마저 좋아지면 그 자체로 나의 삶이 잘못되었음을 느꼈다.

일부러 반주인공이 된 것처럼 행동하기 시작했다. 고립되고 꽃에만 호응을 줘도 그것으로 만족하고 열심히 눈물로 세상을 증명했다. 그저 주인공에게 내 삶을 맡기고 싶었다. 나는 그저 감정이 다 해 먹는 세상을 지켜보고 싶었다. 아니, 나의 삶인 것도 모른 채 그저 구경꾼이 되고 싶었다. 모든 상황이 버거울 뿐이었다. 언제나 양보할 수밖에 없는 감정이었다.

주차장

 싸움을 벌이기에는 가장 최적의 장소였다. 나는 사람들과 전쟁을 벌일 때면 매번 주차장으로 따라오라는 말을 입에 달고 살았다. 감정도 나와 싸우는 곳을 정할 때면 항상 내 마음에 종잡을 수 없는 기분을 세워두고 본인에게 유리한 전장을 마련했던 것처럼, 주로 내가 가장 잘 싸울 수 있을 것 같은 곳으로 상대를 이끌었다. 주차장으로 따라오라고. 거기서 싸움을 벌이자고.

 실제로 싸움을 벌인 적이 있었다. 나는 주차장으로 가자고 말했다. 상대는 그럴 때 온순해졌다. 지금 당장은 싸우지 않는다는 걸 알아서였을까. 전쟁터로 발걸음을 옮기는 시간에 전략이라도 짜기 위해서였을까. 주로 내 감정에게 참패를 당했을 때 사람들과 싸웠다. 분노를 주체하지 못하거나 억울함을 참지 못하면 나는 늘 주차장부터 찾았다.

가장 사랑하는 사람이 준 소중한 물건을 함부로 다루던 친구가 있었다. 그때 나는 감정이 벌인 싸움터에서 분노에 패했다. 나는 곧장 그 친구에게 다가가 주차장으로 따라오라고 말했다. 녀석을 함부로 대해 줄 생각이었다.

역시나 그는 내 제안을 거절하지 않았다. 우리는 사람들의 발걸음이 가장 적은 건물의 주차장으로 내려갔다. 그곳은 사람이 재빠르게 움직이면 포착하기 힘든 수준으로 어두웠고 조심스레 걸어도 큰 소리가 나는 곳이었다. 나는 그를 내 앞에 두고 싸움을 시작했다. 그가 가장 사랑하는 무언가를 빼앗을 수 없다면 상처라도 남기고 싶었다. 내 구역에서 서로가 타격하고 선방하는 사이 우리는 꽤 많은 걸 서로에게 남겼다. 고통과 감정의 변화가 시작되고 있었다. 그때 주차장으로 내려오는 다른 무리의 사람들이 보였다. 그들은 치고받으며 전쟁을 하고 있는 우리에게 난데없이 주차장에서 뭣들 하고 있는 거냐며 소리쳤다. 그때 나는 알 수 없는 기분을 느꼈다. 내 감정에게도 그들처럼 똑같이 물어보고 싶었다. 도대체 내 마음에서 무슨 짓거리들을 하고 있는 거냐고 말이다. 결국 주차장에서 싸우는 나와 내 마음에서 나를 괴롭히는 감정은 같은 족속이었다. 오늘도 울먹이는 나를 말리고 있었다.

어디서 싸우는지가 중요한 게 아니다. 결국은 내가 다 치고 있었다. 내 마음에서. 어둑한 주차장에서.

봉변과 속박

 항상 생각지도 못했을 때 다치고 움직이지 못했다. 내가 알아차릴 수 없는 순간 봉변을 당하고 눈치를 챘어도 저항할 수 없는 순간이었다. 봉변을 당할 때 움직일 수 있거나 혹은 움직이지 못할 때 재앙도 일어나지 않는다면 무엇이든 쉽게 극복할 수 있을 거라고 믿었다. 그러나 봉변을 당해서 당연하게 움직이지도 못하고 있을 때면 삶의 끝이 보였다. 마치 유일한 희망도 망신을 당하고 우물쭈물하는 것 같았다.

 어린 시절 부모님이 구구단을 외라고 시킨 적이 있다. 나는 구구단을 외기 시작한 순간 봉변이 찾아왔다고 생각했다. 일에 일을 큰 소리로 말하지 못하고 있을 때 움직일 수도 없었다. 봉변과 속박이 동시에 이루어진 순간이었다. 결국 부모님께 혼이 나고 있을 때 몸이 조금씩 움직일 수 있다는 걸 알아차린 뒤 부리나케 울먹이며 바깥으로 나왔다. 봉변을 당해도 도망칠 수 있다면 그럴 때 마치 희망이 찾아온 것 같았다.

나는 최대한 집에서 멀어져야 한다고 생각했다. 그래서 신호등의 색도 구별하지 못하고 달음박질치기 시작했다. 그러나 몇 걸음 가지 못하고 또 속박을 당했다. 교통사고가 일어난 뒤 나는 한동안 다시 움직이지 못했다. 어떤 자세도 취할 수 없었다. 최소한의 희망도 사라진 것 같았다. 도무지 세상의 위기를 극복할 수 있는 방법이란 아무것도 존재하지 않았다.

 삶은 늘 힘들거나 움직일 수 없게 하거나 둘 중 하나만 주지 않았다. 총을 들고 전쟁을 나설 때 적을 보고 방아쇠를 당기지 못하는 것처럼. 그럴 때 내가 맞는 것처럼, 그저 봉변을 의식한 순간 가만있을 수밖에 없었다. 괴로운 일은 내가 쪼들리고 있을 때 더욱 심해졌다.

 그날도 너를 떠올리고 있었던 것 같다. 구구단을 외던 그 순간에도. 일에 일도 아닌 너였다. 나는 가만있으며 그 무엇도 아니었다. 움직일 수 없을 때조차 너를 보고 싶을 뿐이었다.

 이에 이는 분명 사였다. 너는 너고 나는 나여도 어쩔 수 없는 게 있다.

독식

 삶은 이미 불바다가 된 세상의 구석에서 홀로 감자를 까먹는 것 같았다. 운이 좋아 살았지만 언제나 더 살고 싶어서 남몰래 독식하는 기분이었다. 누가 나무라도 결코 멈추지 않았다. 막상 나누기라도 하면 내가 힘을 쓸 수 없을 것 같았다. 그러나 가끔 혼자만 배불러도 절규와 한솥밥을 먹은 것처럼 느껴졌다. 우울해도 어쩔 수 없었다. 세상은 괴로움을 나누기도 싫은 곳이었으니까.

 매번 혼자 먹을 때 부끄러웠다. 그 순간 내 됨됨이를 신경 쓰기 시작했다. 쩝쩝거릴 때 사는 것 이상으로 수치스러웠던 적이 있었다. 그래도 나누지는 않았다. 차라리 나도 먹는 걸 포기했다. 우울의 끝을 생각했다. 내가 굶고 있을 때 인생에 조금이라도 힘든 걸 내색하는 사람을 보면 나는 못 견디면서 금방이라도 영양실조로 생사를 오가는 사람은 나라고, 넌 아무것도 아닌 것처럼 느껴졌다. 나는 줄 게 있어도 주지 않는 이기적인 성미를 생각하며 알 수 없는 됨됨이를 가책하는 마음으로 자책했다.

이미 배부른 상태에 놓인 사람들이 좋았다. 그들에게는 나눠줄 필요도 없고 나눈다고 해서 누구도 성에 차지 않았다. 누가 더 불쌍한지 말하지 않아도 너무나 자명해서 편한 사실이었다. 반면 그들은 베풀고 있었다. 나와는 다른 됨됨이를 갖고 있었다.

"왜 불행을 나누지 않는 거야."

이미 배부른 사람의 덕담에 혼자 먹고 있는 나는 곱씹던 걸 포기했다. 같이 먹고 싶었다. 함께 극복할 수 있는 사람이 간절했다.

배고픈 사람 앞에서 울먹이며 슬픔을 토해내기 시작했다. 사람들은 그것조차 달라며 소리쳤다.

같이 먹고 함께 덜어내는 것. 달라고 할 때 주는 일. 그러니까 우린 모두 우는 방식으로 소모하고 있었다. 두 손을 공손히 모은 채로. 뭐든 받아주겠다는 믿음으로.

네가 뭘 준다고 했을 때 나는 기분이 좋았다. 나누는 행복감을 알았다. 줄 게 없어졌을 때 더는 배고프지도 않았지만.

속새질

 나를 가꾸는 일이 고통이었다. 보통의 내가 되기 위한 행동이었다. 정신을 차리고 나면 참을 수 없이 아팠다. 울부짖으며 감행한 나를 보듬고 위로하는 일이 나를 동여맨 느낌이었다. 못나기 싫어서 피가 통하지 않은 채 나를 몇 번이고 갉았다. 감당하기 힘든 껄끄러움이었다.

 소리가 들렸다. 내가 괜찮다고 나를 문지르고 있었다. 아무도 탓할 수가 없었다. 멈추라고 말하는 사람이 없었다. 잠시 쉬어도 된다고 말해줄 사람이 없었다. 모두 흐르는 피만 닦아줄 따름이었다.

 내 상태를 확인하는 동안 다듬어진 감정에 잘 참았다고 안도하는 순간이 있었다. 그때 버틴 걸 잘했다고, 그런 순간이 모여 나는 내 형체가 사라질 때까지 긁고 있었다. 본연의 나를 충분히 잃어버린 뒤였다. 나는 여기 있는데, 알아보지 못하는 사람이 늘어 있었다.

첫 모습에 반했다고 말하는 사람을 믿고 싶었다. 그렇게 말해주는 사람을 사랑하고 싶었다. 그러나 나는 또 내 손으로 달래질 텐데, 달라질 텐데. 나를 보고 당신은 달아날 텐데.

흔적도 없이 사라진 사람과의 사랑. 속새질의 잔해와 같은 가루를 들고서 울고 있는 어떤 사람을 상상한다. 내가 아주 변했어도 그런 당신을 사랑하고 싶다. 끝내 한없이 가벼워진다고 해도.

겁

 두려움이 절실했다. 매를 맞아야 끝났던 일들처럼 고통을 참은 채 벌벌 떨기라도 하고 싶었다. 날이 갈수록 무서운 일들이 사라졌다. 겁이 나도 차라리 살고 싶어서 도주로를 찾는 감정을 바랐다. 내게 매를 휘두를 만큼의 근사한 공포가 사라진 기분이었다. 맞을 일이 없어서 망하고 있는 것처럼 느껴졌다.

 무서울 게 없는 사람이 가장 위험하다고. 타인이 나의 깡다구를 인지할 수 없어서 내가 거리를 두는 것 같았다. 정말 무서운 사람은 나라서 조금씩 외로움 근방으로 자리를 옮겨갔다. 쓸쓸해서 정말 대범해지고 있었다.

 겁을 달라고 말했다. 아슬아슬한 내가 더는 혼자가 되기 싫어서, 살려달라고 소리칠 정도로 위협적인 일들을 헤맸다. 귀신의 집이라도 갈까. 나처럼 전쟁을 지속하는 사람의 곁으로 갈까. 대신 총이라도 맞아볼까.

사람들의 곁에서 멀어지는 동안 혼자가 될 자신이 두려웠다는 걸 알지 못했다. 짐작건대 나는 진즉에 벌벌 떨고 있었다. 나를 두고 떠나는 사람이 가장 오싹했다. 내가 사랑하는 사람의 위압감에 짓눌린 감정을 잊고 있었다. 움츠러든 채 말하고 싶었다. 떠나지 말라고. 곁에서 불끈하듯 사랑하자고. 서로에게 겁만 주자고.

2장. 빼앗긴 것

포로

 끌려가는 순간을 종종 경험한 적이 있었다. 내 의지와는 무관한 삶에 뇌물처럼 건네진 기분이었다. 속수무책으로 떠안은 감정을 느낄 때가 지독한 고문이었다. 사랑하면 내가 억지로 뒤따르는 중이라는 걸 알지 못했다. 비애의 감정에 가까워질 때는 유원지라도 가는 줄 알았다. 막상 발을 들인 곳에는 잠적했던 감정이 도사렸다. 함께 버티며 살아온 추억은 나보다 먼저 붙잡혀 있었다. 그는 이미 피칠갑을 한 채로 발가벗겨져 위태로워 보였다. 곧 사라지기라도 할 것처럼 의식이 없었다. 그리움을 지켜주지 못해 미안한 마음이 들었다. 수용소와 다름없이 포로가 된 곳에서 생소함이 한창인 삶에 나는 결박된 상태로 몇 번이고 따라갔다. 내가 포로가 된 줄도 모르고 어떻게 살아야 할지, 고통의 전문가들에게 자문하는 기분이었다. 그럴 때 사랑은 이별이 됐고 자신이 모든 감정에게 의문을 품듯 신문을 당하면 항복처럼 행복과 새로운 사랑을 외쳤다. 그럴 때는 굴하지 않는 것만으로 인생을 잘 살고 있는 것 같았다.

꼭 살아갈 수 있을 정도의 감정만 느끼며 기거하는 게 외로워도 스스로 떳떳할 수 있을 것 같았다. 그러나 내가 충직하게 행복과 사랑을 외칠 때 추억은 그만 사라졌다. 한마디의 말도 없이 떠났다. 그는 최후의 몸부림도 없었다. 매번 허무하게 잃고 있었다. 순식간에 나도 누군가의 기억 속에서 사라질 것만 같은 걱정이 몰려왔다. 돌파구를 물색했다. 더는 수용소처럼 낡은 감정으로 통곡도 길이 남지 않는 여생을 보낼 수 없었다. 살고 싶어서 나를 팔기로 했다. 약점 같은 내 삶의 근거지를 폭로했다. 나와 관련된 사랑과 행복을 떠넘기고 포로답게 항복을 선언했다. 반드시 지켜야 했던 것들을 곤경에 빠뜨렸다. 내가 나를 매각하고 포로처럼 끌려가 포로답게 나오는 삶. 내가 건질 것은 아무것도 존재하지 않았다. 지키지 못해 황망한 세상에 넘길 건 떠넘겨서 온전히 불안해진 나였다. 그렇게 혼자가 됐다. 너를 팔고 나를 팔았다.

불굴의 투쟁

 끊임없이 과한 것들이 모습을 드러냈다. 내가 감당할 수 없는 감정들과 세상에 맞서 홀몸으로 패싸움하는 기분이었다. 몰매를 맞다가 그만 쇠해서져 저항하는 걸 그만두기를 반복했다. 서로가 될 때까지 사랑하거나 이룰 때까지 포기하지 않는 일에 피멍이 들었다. 움츠러든 채로 대항하지 못한 밤에 잠들 때면 욱씬거리지도 않게 됐다. 분노에게 일러바치기에도 무서운 밤이었다. 방기한 베개는 패배의 흔적이 묻었고 자책은 지울 수 없었다. 한없이 약해지고 있었다. 결국 단념하기 시작했다.

 포기를 몰랐던 날들과 편을 먹고 싶었다. 나를 집요하게 만드는 것들을 잊을 수가 없었다. 다시 억척스러워지기 위해 그간 사랑했던 것들을 망각할 수 없었다. 내가 강인했을 때 하필이면 너를 마음에 둔 것처럼, 향락적일 때 당신과 함께였던 것처럼. 강해지고 싶을 때면 뒤를 돌아보게 됐다. 너만 다시 만나면 이성을 되찾을 거라고 생각했다. 그들과 함께하면 도로 착해질 거라고 여겼다.

그때는 우직한 내 곁에 많은 사람들이 보였다.

유기하는 것처럼 욕심내지 않게 되었을 때 그 많던 사람도 보이지 않았다. 어쩌면 한없이 가벼워진 내가 떠난 건지도 몰랐다. 위험에 빠진 것처럼 사랑하고 싶었다. 구해줄 수 있을 만큼 치졸하게 살고 싶다. 그저 대들 수 있는 용기가 절실했다.

눈물의 주제

 울음에 주제가 필요하다는 걸 알았다. 슬퍼서 울고 몹시 행복해서 울고 기가 차서 울고 그런 나를 삼가지 못해 더 울고. 어느새 아무런 까닭 없이 눈물을 흘리고 있었다. 감히 주제도 모르고 흘린 눈물이었다.

 알 것도 같은 눈물을 끝내 깨닫지 못한 날이 많았다. 남들이 위로랍시고 괜찮다고 말하면 그걸 주제로 받아들였다. 통곡해도 퍽 괜찮은 눈물이라고. 이참에 더 흘려보자고····.

 이미 같은 구실로 흘린 눈물을 연이은 핑계로 곱씹어 울면 괜스레 비참해졌다. 그래서 막연하게 괜찮다고 해줄 사람이 절실했다. 위로하는 사람 앞에서 나는 한참을 울먹이며 점차 그럴싸해졌다.

 혼자가 되기 시작했을 때 아는 게 없어서 눈물을 지양했다. 허락받지 못한 눈물은 흘릴 수 없었다.

더할 나위 없이 못난 눈물을 삼키며 하나도 괜찮지 않은 사람이 됐다. 참을 수 없는 건 주제넘은 놈이 되는 것. 울고 싶어도 나를 탓하며 절대 울지 않았다.

 괜찮은 사람 옆에 자못 괜찮게 있고 싶었다. 잃어버린 눈물을 되찾고 싶을 뿐이었다. 그저 나도 달래줄 수 있는 사람이 되고 싶었다.

자화자찬

 부끄럽지 않았다. 어리석은 짓을 해도 믿는 구석이 있어서 기분 좋았다. 일기를 쓸 때 그날 실수를 남발했어도 나만 잘났던 순간을 중심으로 찬사라도 쓰는 것처럼 반성문을 썼다. 그럴 때조차 어설픈 칭찬을 아끼지 않았다. 빼곡히 적힌 진술서였다. 실토했으니 우쭐댄 날들이었다.

 사람을 때려도 네가 약한 탓이라고 말하던 나를 믿었고 섣부른 고백에 차여도 잊을 수 있는 시간을 신뢰했으며 밥 먹듯이 상념에 잠기더라도 내가 특별한 사람이라는 망각에 기댔다. 내가 잃을 수밖에 없는 것들은 기분 좋게 버리다시피 했다. 아무리 이상했어도 나는 칭찬투성이었으니까.

 자신을 믿는 구석에 된통 당했다는 걸 알아챘을 때 생색도 없이 나의 인격을 박탈하고 싶어졌다. 공치사를 늘어놓던 수작이 낯간지러워졌다. 나를 사랑해야 남을 사랑한다는 말을 들으면 괜한 허수아비가 된 것 같았다.

가만있어도 피해를 줘서 미안했다. 움직일 수 없을 때도 결코 내 잘못을 인정하고 싶지는 않았다.

내 죄를 알았을 때 날지 못하는 새들이 속출했다. 그러나 내가 타락하며 지킨 쌀을 배불리 먹는 인간처럼 덕을 보는 경우도 꽤 있었다. 나를 믿어서 나쁜 점이 있으면 이처럼 좋은 것도 있었다. 정당했을 때만이 자찬할 수 있었다. 비교적 거칠어도 온화한 사람이 되기 위해 사력을 다하는 삶이었다.

나를 극찬해야 살 수 있는 날이었다. 마땅해지는 중에도 피해자 행세를 하는 이들을 단념할 수 없었다. 이젠 내가 옳아도, 나를 좋아해도 미워할 수 있는 까닭이 너무 많았고 의식적인 아양을 떨 듯이 나를 귀엽게만 여기기로 했다. 가냘파서 도움을 주고 싶은 마음에 자기 위로를 아끼지 않는다. 괜찮다는 말이 실은 마음에도 없는 칭송이었다.

감시자

 단속하듯 바라본 세상의 풍경에 자꾸만 사로잡혔다. 너무 아름다워서 경계할 수밖에 없었고 극심하게 어수선해서 혼란스러웠다. 감정의 도둑질을 검거하고, 마음의 피해를 막아야 하듯 온 힘을 다해 세상의 망을 보는 것처럼 사는 와중에 홀린 것들이 많았다. 나는 보이는 것들에게 처참히 매료됐다. 매번 시야에서 벗어난 다른 것도 볼 줄 알기 위해 사력을 다했지만 감시자의 명분을 다하기에는 역부족한 날이었다.

 사랑하는 순간 아무것도 보이지 않아서 눈에 뵈는 게 없이 행동했다. 삶의 감시자라는 신분을 까맣게 잊고 살았다. 사고를 칠 기미나 슬픈 기운이 조금도 느껴지지 않기 때문에 그저 눈을 감고 편히 숙면해도 좋은 날이었다. 깜빡하는 휴가의 철이었다.

 휴일이 끝나고 다시 감시를 시작했을 때 이미 도둑질은 끝난 상태였다. 빼앗기고 고적한 마음만 남았다.

사랑처럼 매혹적인 것들은 내 눈을 멀게 했고 그 틈에 일어난 사고가 많았다. 실의가 넘쳤다. 경이로운 건 그럼에도 눈을 감고 싶다는 것. 차라리 시력을 잃을 정도의 까마득한 사랑을 하고 싶다는 것. 눈을 깜박이는 순간 여러 차례 눈물이 떨어졌다. 사랑해서 맺힌 눈물일까. 단속 중에 충혈된 눈물일까. 거듭 감시를 시작하면 두 번 다시 뜨고 싶지 않았다. 목숨을 건 사랑을 하고 싶었다. 여전히 세상은 지나치게 아름다웠다. 보고 싶기도, 보기 싫기도 한 순간이었다.

약속의 갈피

여럿의 사람과 각개의 약속을 잡았다. 같은 날 같은 시각의 약속을 다른 사람들과 함께했다. 이중 약속의 행복을 느끼고 싶었다. 마치 내가 있어야 할 곳이 아닌 곳에 있다는 까닭만으로 삶이 자유로워진 것 같았다. 항상 미안함은 다음의 문제였다. 순간의 모험이자 기댈 수 있는 곳을 확보하는 심정이었다.

시간의 소중함이나 상대방을 무시하는 것보다 더 중요한 건 해방감이었다. 허무한 순간을 달래줄 최선의 방책이었다. 약속 시간이 되면 나를 찾는 사람들로부터 다 떠나면서도 모두에게 가고 싶었다. 홀몸으로 여럿을 대하고 싶었다. 함께하는 와중에 다른 사람의 곁으로 갈 때 선택할 수 없는 세상의 갈피를 정하는 것처럼 느껴졌다. 제법 초연해지는 것 같았다. 그럴 때는 찰나의 순간도 외롭지 않을 수 있었다.

약속을 자연스럽게 깨는 방법을 궁리했다. 마치 급박한 상황에 놓인 것처럼 불안에 떨어야 나와 앞날을 정한 사람들이 어쩔 수 없이 나를 놓아줄 수 있다고 여겼다. 나는 연거푸 불안해졌다. 불안은 감히 흉내를 낼 수도 없었다. 어쩌면 양심에 대한 가책을 느끼고 있었을까.

하나를 잃고 하나를 얻으면 그것으로 족하다는 생각이었다. 아무런 일도 일어나지 않을 거라고. 피해가 없을 거라고. 잃으면 채울 수도 있으니까. 메우기 위한 살길이었다. 가득해질 수 없는 삶이었다.

중요한 걸 알고 싶었다. 하나의 약속으로도 갈피를 잡을 수 있다면 여럿을 잃어도 괜찮은 삶을 살고 싶었다. 너로도 충분한 삶. 당신만 있어도 괜찮은 순간. 안착한 감정. 이번 약속에서 나는 오직 당신의 것.

가장 중요한 약속 장소에 도착했을 때 불안을 들키고 싶지 않았다. 이미 많은 걸 잃고 온 뒤에도 당신 앞에서 잘난 척을 했다. 오늘만 기다렸다고.

구원자의 본분

 강가에 몸을 담그던 사람을 건져 올릴 때가 떠올랐다. 자식의 이름을 부르며 조금씩 침수되던 사람. 나는 그녀를 건져 올렸으나 그녀의 자식은 될 수 없었다. 당시 나로서는 위태롭던 목숨을 구원하는 것만이 최선의 사명이라 여겼다. 생명만 붙잡으면 구원자로서 할 도리를 다한 줄 알았다.

 단박에 구세주가 됐지만 마음이 언짢았다. 정말 그녀를 위하는 일이 무엇인지 골몰했다. 자식의 이름을 불렀으니 한창 난투 중인 삶을 가볍게 여기지는 않았을 터였다. 결국 그녀의 자식이 되지 못한 것이 괜스레 언짢았다. 그녀의 괜한 삶을 구속한 기분이었다. 마치 그녀를 껴안고 육지로 나올 때 한순간 총알받이로 쓰고 버린 것 같았다. 살려는 줬으니 이제 알아서 싸워보라고. 나 편하자고 다시금 그녀를 전쟁터로 내몬 것처럼 말이다. 그저 완전한 구원이 아니라 모자란 간섭이라 여겨지고 있었다.

의지를 잃었다. 흠잡을 데 없던 의기에 백기를 들었다. 결국 나는 아주 작은 보탬도 될 수 없었다고 생각했다. 삶에 대한 저항인지 투항인지 도무지 알 수 없었으니까. 또 알고 싶었다. 나의 구원이 정말 싫은지, 분명 좋은지를.

그녀가 자식을 그리워한 만큼 내게도 반드시 보고 싶은 사람이 있었다. 내가 강가에 몸을 담그고 너에게로 갈 수만 있다면 구원 따위는 필요 없이 사라져도 괜찮다고 생각했다. 그리움을 느끼고 있었다. 언제나 당신이 있는 곳으로 가고 싶었다.

시간이 지나 다시 강가를 찾았을 때 나는 당신의 이름을 부르며 총알받이도 없이 침수하고 있었다. 저항의 본부도 투항의 사명도 아닌 발걸음이었다. 다만 당신이 참을 수 없이 보고 싶은 날이었다. 충실한 사랑이었을 뿐 구원은 필요치 않았다. 싫은 것도 좋은 것도 없는 상태로 오직 너만 보고 나아갔다.

내 신분을 너무 많이 잊었다. 너를 너무 많이 따라갔다. 외로움을 좇다 몸에 구멍이 생기고 있는 삶이었다.

그러나 막상 줄곧 살고 싶다는 생각이 떠나지 않았다. 내가 그녀를 구했듯이 나를 꺼내줄 사람이 있는지 온몸이 잠기기 직전까지 주위를 살폈다. 끝내 그녀를 망친 내가 옳았다는 걸 알았다.

늘 바란다. 같이 빠질 것도 아니라면 나를 꺼내줄 사람을. 대신 총에 맞는 고통을 느껴도 부디 살고 싶다는 심정으로.

귀가 본능

 어색한 환경에서 자꾸만 보법이 서툴렀다. 바깥에서 움직이는 도중에 손으로 땅을 짚는 경우가 많았다. 분명한 정박자의 걸음이어도 사람들은 나를 내려봤다. 넘어진 채로 일어설 수도 없었다. 늘 재빨리 집으로 돌아가 손을 닦고 싶었지만 도무지 속도가 오르지 않았다. 바깥에서 내 손에 뭐가 묻었는지도 모르고 있었다. 손바닥을 보기에는 나를 내려보는 것들 때문에 그림자가 져 어둡기만 했다. 덩치만 산만 한 것들이었다. 내 손에 어떤 흔적이 들러붙었는지 확인하기 위해 속히 기어서라도 집으로 돌아가고 싶었다.

 귀가한 뒤 자신 있게 일어나 손을 닦으면 안심이 됐다. 뭐가 묻었는지 선명하게 보이면 오랜 시간 뜸을 들이며 손을 씻었다. 몹시 개운했다. 더는 어설프지도 불안하지도 않았다. 그러나 이대로 집에만 있기에는 아쉬운 구석이 있었다. 너무 깨끗해진 손이 빈약하게 보였다.

안심하고 더러워질 수 있는 곳에서 오염 따위 상관하지 않는 사람과 손을 맞잡고 함께하면 집에 가지 않을 수 있을 것 같았다. 그렇게 밤인지 그림자가 진 건지도 모르고 함께 얼룩진 사람이면 지울 수도 없었다. 내가 널 묻혔거나 당신이 내게 닮은 밤에 우리가 돌아갈 곳은 어디에도 없었다.

집을 어떻게 가는지 까맣게 잊은 채로. 집이 있는지도 모른 채로. 그렇게 닦아내는 게 얼마나 힘이 드는지 생각지도 못하고. 나만 더러워도 괜찮고 너만 깨끗하면 좋은 채로.

하릴없이 집으로 일찍 귀가하는 날 우리는 가장 아픈 자국을 지우기 위해 힘겨웠다. 덜 지워진 손에 여전히 잊지 못한 네가 있다.

연소한 후회

어릴 적부터 뒷짐을 지고 거리를 활보했다. 웃어른들은 나의 그런 모습을 보고 신통하다고 말했다. 그러나 나는 도무지 무엇을 보고 놀랍다고 하는지는 알 수 없었다. 본인들이 내 손에 뒷짐을 지게 한 것과 다르지 않았으니까. 그들도 나처럼 뒤를 보고 공손해하는 사람들이었으니까. 끝내 후회를 막지 못한 사람들과 삶에 갈피를 잡을 수 없는 순간이면 나는 늘 그들과 함께하면서 과거에게 격식을 차렸다.

초등학교에 입학했을 때 책가방을 메도 뒷짐을 졌다. 아무리 배가 고파도 차분히 밥을 먹었고 잠을 자는 시간은 낮과 밤을 가리지 않았다. 보온병에 따듯한 물이 아니라 노화한 그들처럼 커피를 탔다. 동급생들과 내가 다르다고 여겼다. 처음부터 어색하게 후회로 시작된 삶이었다.

너무나 자연스러운 성숙함이었다. 똑같이 후회하다가 연로한 그들을 능가한 것 같았다. 그래서 더욱이 뒷짐을 풀 수 없었다. 미련이 쌓여도 어느덧 성장하면 더 바라지 않을 수 있었으니까. 나는 할아버지와 할머니를 따라 한참 잃은 뒤라서 더 잃을 것도 없다고 기분 좋게 여기며 살았다.

　성숙한 후회가 미숙한 그리움을 감당할 수 없다는 걸 깨달았을 때. 사랑을 알았다. 결별과 슬픔을 느꼈다. 이미 나이가 든 와중에 잃고 싶지 않은 걸 사랑한 것 같았다. 끝을 함께 볼 줄 알았던 사람을 사랑해서 미숙해졌다. 그들을 보고 배꼽 인사를 하며 자꾸만 앞으로 공손해졌다. 결국은 나보다 더 오래된 것들이었다. 태어나면서 뒷짐을 져서 이길 수 없는 미련이었다. 너만 보면 숨고 싶다. 감히 대들지 못하는 후회와 사랑이었다.

벗은 몸의 멋

꽁꽁 싸맨 일이 수두룩했다. 감추고 싶은 일과 드러내고 싶지 않은 결함을 지키고 싶었다. 나를 숨기는 게 바빠서 아무도 감싸주지 못한 날이었다. 추위에 벌벌 떨어도 감히 벗어주지 못했을 때 벌거숭이는 아니었지만 수치심을 느꼈다. 그렇게 동여맨 시야에 들어온 사람이었다. 은신하는 중에 본거지에 들어온 듯한 사랑이었다.

궁둥짝에 생긴 상처를 토닥여주는 사람이 있었다. 감추고 싶은 과오를 침착하게 떼어낸 사람이었다. 파충류가 허물을 벗는 시기를 연애하는 중이라고 말하던 그녀 때문에 나는 홀딱 벗을 수밖에 없었다. 무차별적으로 과오를 벗기던 사랑. 한결 가벼워진 만남이었다.

벗겨놓고 또 떠난 사랑이라서 다시 입기 싫었다. 한 번의 격렬한 노출로 다시 숨기지 못해서 혹독한 시간을 보냈다. 언제나 부끄러움은 나의 몫. 그럼에도 숨기지 않은 나의 상처들.

황당한 채로 막을 내린 노출쇼. 눈을 가린 관객들. 수모를 겪게 하는 만남. 그마저도 괜찮았을 사랑.

 영원히 입을 옷을 잃어버렸다. 주워 담을 수 없는 폐기물로 직행한 겉옷을 더러워서 입지 않은 채로 살아가는 우리였다. 특별하게 이별한 사람이었다.

 한없이 추해진 상태로 거리를 활보하는 심정이었다. 아무것도 입지 않아도 날 반겨주는 사람이 있기를 바라는 마음이었다. 도망치지 않기를, 제발 이상하다고 여기지 말기를. 뱀이 싫지 않다고 말하는 사람이기를

 여전히 추운 세상에 나만 빼고 따듯해 보이는 곳에서 궁둥짝의 상처가 더 아파 보였다. 더는 벗은 몸이 멋있지 않았다.

코미디릴리프*

 진지한 상황에 나만 빼고 웃어넘기는 사람이 많았다. 무게를 잡는 건 나 혼자였다. 극한의 상황도 가벼이 여기는 그들과 함께하는 순간이면 매번 참을 수 없는 화가 솟았다. 정체불명의 기막힌 웃음이었다.

 사람들은 웃지 않는 나를 향해 "너만 잘났어"라고 말했다. 이토록 치밀한 감정에 웃음으로 무마하는 게 가능할 리가 없었다. 웃고 있는 그들 앞에서 최선을 다해 울고 있었다. 뭐가 재밌는지 궁금하지도 않았다.

 애도 앞에서 웃으며 잔을 드는 사람. 이별을 앞두고 웃는 사람. 심각한 상황에 입꼬리를 올리는 사람. 운다고 뭐가 바뀌냐고 말해도 가만두고 볼 수 없었다. 웃어야 산다는 걸 알지 못했다.

 억지 웃음이 고도의 수법이라는 걸 깨달았을 때 나를 좋아하던 사람이 울고 있었다.

---

* 영화에서, 긴장된 화면에 우스운 장면을 삽입하여 과도한 긴장감을 늦추는 수법.

함부로 웃어주며 헤어졌다. 깔깔대며 덮은 이별이었다. 해맑아서 할 수 있는 위로였다.

그렇게 자주 웃다가 멍청해 보여서 빈번히 잃어버린 순간. 놓쳐버린 너. 진심이 아니라서 자신감이 없던 날들.

슬픔이 드러나게 울고 있는 당신 옆에서 수법 따위 통하지 않는다는 걸 몰랐다. 나 혼자 우는 날이 많아졌다. 꾹꾹 참은 날 내가 웃고 있었다.

웃는 사람의 정곡을 도려내는 사람을 사랑하고 싶다. 누군가 티가 나지 않는 기쁨을 알아차리면 쉴 새 없이 울 수 있을 것 같다. 우는 척 말고 웃는 척을 하는 네 옆에서 이제 진심으로 웃을 수 있기를. 나와 헤어진 네가 기쁜 척이라도 하기를.

동맹

 혼자의 힘으로 도무지 해결할 수 없는 적막이었다. 사람들과 아울러 살아가는 세상에 나와 결탁할 수 있는 인간을 함부로 상상하지 못했다. 감정의 기복대로 사람은 종잡을 수 없었다. 억지로라도 가능한 동맹이 절실했다. 강제로라도 기쁨과 동맹을 맺고 싶었다. 씩씩한 사람과 손을 잡고 싶었다.

 내가 포용할 수 있는 힘이 없다는 걸 깨달았을 때 호감을 얻기 위해 아첨을 떨었다. 어느 전장이든 어떤 상대가 나타나든 굴하지 않을 아양이었다. 약하니까 날 지켜줬으면 하는 바람이자 동시에 함께 공격을 감행하자는 전우애였다. 그러나 내가 찌르면 그 자리에서 너는 도망갈 것. 네가 다쳐도 나는 내가 찔린 것처럼 아파할 것. 불쌍한 척이라도 해서 옆에만 있어 준다면 나만 괴로워도 괜찮았다. 그러니까 함께하고 싶었다. 내가 원하는 건 쌍방이 아니어도 손해를 보고 너를 따라 어디든 가겠다는 믿음이었다.

늘 쫓아가기만 하던 나를 수줍게 따라온 사람이 있었다. 그럴 때 동맹처럼 손잡은 사랑에 책임을 느꼈다. 무엇 하나 손해를 도맡지 않아도 외롭지는 않았다. 내가 찔리면 네가 아파했고 네가 때리면 나도 패고 싶었다. 그렇게 우리가 손을 잡은 뒤로 패배가 없던 날들이었다. 너 하나의 개입으로 불쌍한 척을 극복한 나였다.

그러나 우리가 몰락할 때 둘 중 한 사람이라도 살자는 말을 뱉으면 그게 더 잔인한 이별이 될 줄 몰랐다. 같이 죽자는 말은 차마 할 수 없었다. 너무 가여워져도 널 살리고 싶었다. 동맹은 늘 둘이 아닌 하나를 위해 끝나갔다. 합을 이루어서 슬픈 까닭을 알았다.

세상은 분합하는 것이었다. 따로 있을 줄 아는 사람이어야 했다. 더는 누구도 따르지 않게 됐다. 동맹이 필요하지 않게 됐다.

탈바꿈

 겁먹은 순간 용맹해야지. 싸우는 순간 자비로워야지. 사랑하는 순간이면 어설프게 토라져야지. 싫어도 좋다고 해야지. 몇 번의 탈바꿈을 시도하며 몽타주가 나온 것 같았다. 어디서 퍼 나른 건지 모를 이목구비. 이건 내 모습이 아닌데. 주변 호응에 힘입어 어색한 나를 멋쩍어한 채로 안도했다.

 생긴 대로 살아가고 있었다. 그렇게라도 변해서 태세를 갖출 수 있는 내가 싫지 않았다. 마치 본모습이라는 건 존재하지도 않았던 것처럼. 누군가 원하는 모습을 보여주는 삶이라는 건 웃음을 욕심내는 개그맨처럼 바람직한 걸 과시하는 선도자가 된 기분이었으니까.

 정체가 뭐냐고 물어보는 사람에게 벗어줄 탈도 없었다. 아무런 이유 없이, 자연스럽게 보여줄 모습이란 건 흉내를 낼 수도 없었다. 억압적으로 내 관상에 호감이 갔다.

본연의 모습을 되찾고 싶었다. 오금이 저리는 공포를 느끼다가 벌써 주름이 생긴 어린아이처럼. 앳된 얼굴이 또렷한 모습으로. 참지 못하는 감정을 개조하지 않고 분출하는 그 순간으로.

간간이 덧댈 수 없는 감정이 있었다. 화가 나서 화를 내고, 슬퍼서 울고. 욕심이 생겨 앙탈을 부리는 것처럼.

정말 화가 났을 때. 당신의 얼굴이 기억나지 않았다. 내가 아는 당신도, 당신이 알던 나도 아닌 날들이었다. 변한 채로 만나서 또 변한 우리였다.

초 단위로 도륙하기

 이미 놓친 기억을 곱씹는다. 구역질로도 돌아갈 수 없는 추억에 희망을 품으며 살아간다. 후회로 남았거나 돌이킬 수 있을 것 같았던 순간이 머릿속에 방생된 채 날뛰고 있다. 갖가지의 미련이 난리를 피우는 동안 나는 과거를 보육하기 바빴다.

 가만히 있다가 자연스럽게 놀이터로 간다. 새파랗게 젊은 기억이 나를 혹사시킨다. 어느새 나도 모르는 순간조차 추억을 걱정한다. 밥을 먹는 순간에도 애틋한 추억의 끼니를 걱정하는 것처럼 과거를 소중히 생각한다.

 사랑하는 사람과 헤어진 뒤 함께한 추억을 혼자 떠올리는 것은 부모를 잃은 아이를 단독으로 기르는 것처럼 힘에 부친다. 한순간도 기억을 지우고 산 적이 없었다. 분 단위의 회상이었다. 초 단위의 돌봄이었다.

애지중지 기르던 아이를 버리기 시작했다. 함께 있는 것만으로 고통이던 추억을 어딘가에 내놓고 도망쳤다. 누구도 보살필 필요 없이 추억과 동떨어지면 나만 생각할 수 있을 거라고 여겼다. 과거에 그만 연연하자고. 좋은 사람을 찾듯이 내 곁에 있는 것보다 더 나은 보육원이 있을 거라고.

버리고 지내면 마음 편할 줄 알았다. 기억에서 영영 지운 것처럼 발버둥 칠 재간도 없을 줄 알았다. 그러나 내 경험에서 나온 핏줄처럼 쉽게 기억에서 지울 수가 없었다. 일부러 지우기 위해 버린 뒤로는 자책까지 심해지고 있었다. 상상조차 할 수 없는 죄악감이었다. 이미 나쁜 부모 더 나빠질 것도 없다고 생각했던 내가 불쌍했다.

애초에 순결을 잃은 뒤였다. 잔인하지만 초 단위의 도륙을 했다. 우리의 기억. 나의 미련. 선택의 후회를 떠올리는 모든 순간 전쟁과 다름없었다. 살고자 하는 기억과 죽여야만 사는 초 단위의 싸움이었다. 평범하게 보살피지 못했다. 이미 기억을 살육한 뒤였다.

과한 채비

지나치게 마련했다. 어딘가로 나아갈 때 기본적으로 준비하는 것들이 차고 넘쳤다. 낯선 장소에 떠나게 되면 전투를 대비할 만큼 집요해졌다. 신중함을 압박대처럼 휘감고 경박함을 단단히 고정했다. 탄약을 챙기듯이 계획을 세우고 있으면 다 쓰지도 못할 생각을 정리하느라 어느 곳에도 난사하지 못하게 됐다.

아무리 많은 걸 준비해도 예상과 벗어난 곳에 당도한 순간이 있었다. 그곳에서 생각지도 못한 일이 벌어지는 걸 막을 도리가 없었다. 낯선 곳에서 심각함을 목도하거나, 내가 준비한 종보다 더 위협적인 무기를 지닌 상대를 만나거나, 모든 걸 무용지물로 뒤바꾸는 사랑과 대면하거나. 나도 모르게 궁해진 상황에서 다른 게 탐스러워지면 도둑질을 하고 싶어졌다.

자연스럽게 도적이 됐다. 과한 채비가 쓸데없다는 걸 깨닫게 된 후로 뜸 들이지 않았다. 마련하지 않고 맨몸으로 부닥치기 시작했다.

세상은 그럴 때 은혜로웠다. 쟁취하는 사랑. 훔치는 멋. 강탈하면서 완전해지고 있었다.

내가 준비할 건 아무것도 없었다. 취약해진 상태로 빼앗는 것. 내가 강한 줄 알았으나 으스대는 공격이 실은 굽실대는 구걸이었다는 것.

보잘것없는 사람이 더 불쌍해질 때는 거저먹을 때였다. 자신감을 잃고 가여워졌다. 그렇게 구걸하듯 살아온 세상이었다. 한 푼이라도 더 받으려는 사랑이었다.

필두

 선두가 놓치는 걸 잡는 재미로 살았다. 도사리는 위험을 가장 먼저 확인하지 않아야 제대로 된 안전을 누릴 수 있었다. 전장에서 앞에 선 사람이 먼저 총에 맞으면 나는 뒤도 돌아보지 않고 도망갈 궁리를 했다. 산다는 건 후발대에 위치해야 만만할 수 있다고 여겼다.

 가장 뒤에서 섣불리 마음을 표현하지 않았다. 내가 갖고 있는 것도 확인하지 않고 꺼내는 건 자폭일 가능성이 있으니까. 선두의 마음을 확인한 뒤에 무엇을 꺼내야 할지가 명확해졌으니까.

 살고 싶어서 보이지 않았다. 보이지 않기 위해 들키지도 않았다. 수많은 선택을 정렬하는 중에도 내 모습을 감추기 위해 꽁무니만 바라보며 뒤에 자리하고 있었다. 안전하게 재미만 보고 싶었다. 불안한 관계를 피하고 수많은 고충과 떨어지고 싶었다. 그러나 떼죽음을 목격한 순간은 모든 게 달라졌다.

앞뒤 가리지 않고 단체로 실패하거나 어느 곳에 있어도 다 죽는다는 걸 알게 되었을 때 나는 어느 무리에도 있지 않을 방법을 택했다. 끝까지 도망쳐서 외로운 순간이었다. 용의 머리와 뱀의 머리를 찾다가 잘려나갔다. 늘 궁지에 몰려 있었다.

재미를 보다가 놓친 날. 안전해지다가 위험에 처한 사랑. 매일 당신의 머리를 찾는다. 앞으로는 내 뒤통수만 보라고. 내가 필두에 서겠다고. 네가 도망가도, 너만을 지키기 위해.

미련을 우려먹다

 늘 같은 마음을 유지한다. 언제나 그랬던 만큼 그 정도로 모든 걸 다룬다. 한번 사랑했던 마음을 바꾸지 않았다. 상대가 변해도 사랑하는 마음은 비슷하게 우려먹을 수 있으니까. 너를 생각하는 내가 부끄러울 때 니가 아닌 사랑을 떠올리면 언제나 최고의 근사치에서 그때처럼 누구와도 행복해질 수 있으니까. 난 그걸 지키느라 변하지도 못했다. 써먹을 거라곤 여전한 마음밖에 없었다.

 입이 짧은 사람에게 내가 지킨 사랑을 때려 넣을 때 다 먹지도 못할 사람이라서 우울해졌다. 맛있다고 받아줄 수 있었던 사랑과는 너무 다른 한도라서 어태껏 노력으로 우려낸 마음이 허탈해졌다. 반복되는 사랑에 나는 몇 번이고 너를 향했던 마음을 꺼내줬다.

 첫 만남에 다 줘도 여전히 미련의 크기가 줄어들지 않았다. 내가 지킨 사랑의 한도는 늘 그대로였다. 언제나 잊지 못한 채로 다른 사람을 사랑했다.

부족하면 메우듯 힘들게 간직한 우리라서 달라지지 않았다. 처음부터 새롭게 시작하고 싶었다. 밑바닥부터 네가 아닌 크기를 만들고 싶었다. 그러나 아무리 내줘도 줄지 않는 너였다. 사랑이었다. 아니, 그건 미련이었다.

다양한 사람에게 사랑을 뿌리고, 너무 많은 사랑을 했다. 죄인도 예쁘게 볼 수 있을 것 같은 힘이었다. 모두에게 호의적이었던 치유의 날들. 너에 대한 마음이라서 누구라도 이해하지 못할 게 없었다. 그렇게 조금씩 지우고 채우던 사랑. 우려먹을 것도 사라진 미련. 너를 팔다가 나까지 사라진 마음.

이제 사랑을 잃었다. 당신 하나 지웠다고 텅텅 빈 세상이 됐다. 어쩌면 더 지키는 날이 편했을지 모르는 날. 썩어서 비위가 상한 시간들.

나는 아무것도 남지 않았다.

나 홀로 경찰과 도둑

 양심으로 움직이는 삶이었다. 어색한 행동을 취할 때 증거를 인멸하는 것처럼 당시에 느낀 감정을 모두 지워야 했다. 이별하는 순간 사진첩을 불사르듯 재로 변한 감정을 셀 수 없을 때 죄도 늘어갔다. 내가 지은 잘못. 내가 지운 날들. 실수로 범한 과오. 혹여 잡힐까 봐 두렵고 잊을 것 같아 속상하지만 살기 위해 지운 시간. 도주로처럼 마련한 사랑이 나를 믿어준 만큼 죄스러웠다.

 언제 붙잡힐지 알 수 없었다. 죄를 면제받기 위해 사랑한 것 같았다. 구속되지 않기 위해 여럿을 사랑했다. 피할 곳을 마련하는 순간에도 내 죄를 내가 사하지 못했다. 참회하기 위해 좋아했다.

 어쩌다 내게 은혜로운 사람을 만나면 겸연쩍었다. 죄인을 이렇게나 사랑해도 괜찮을까. 고맙지 않고 외려 송구할 지경이었다. 소름이 끼쳤다.

그런 사람에게 내 죄를 말했다. 부끄럽지 않게 과오를 낱낱이 밝혀야만 할 것 같았다. 그럴 때 나는 경찰이 됐다.

이제 나의 죄를 청산할 거야, 나를 잡아 가둘 거야. 자신에게 부끄럽지 않을 거야. 당당할 거야. 그러니까 나를 믿어줘.

나를 체포하는 순간 죄명처럼 감정을 회상한다. 슬픔과 불안. 특히 외로움은 더 흉악했다고. 사랑으로 묻었던 자책과 필요에 따라 이용한 도주로들.

도둑을 구속했을 때 양심은 사라졌다. 양심도 없이 살았다. 양심도 없이 너를 또 사랑하고 있다. 되돌아보니 도난을 당한 건 내 감정이었다.

왜곡

 동기를 부여하는 것들이 많았다. 괴로워도 참을 수 있다고 말하고, 골난 순간에도 웃어넘겨야 하는 일처럼 나를 집요하게 뒤바꾸는 발단이 다양했다. 의식하지 않을 수 없었다. 괴로울수록 웃어야 한다는 말처럼 반드시 따라야 할 것만 같은 꺼림칙함이 지속됐다. 똑바로 좀 보고 제대로 들으라고 말하는 사람에게 자못 괜찮은 사람이 되고 싶었다.

 괴로움을 실토하는 사람과 함께 있으면 동기가 부여됐다. 내가 더 힘든지를 생각하며 의도적인 혼비백산에 시달렸다. 어떻게든 내가 당신보다 더 힘들다는 걸 스스로 밝혀내면 그렇게 통쾌할 수가 없었다. 그래야만 나는 웃으며 위로해 줄 수가 있었다. 슬픔을 더 잘 견디는 사람이 된 것만 같았다. 오해가 불러일으킨 초연함이었다. 위태로운 걸 의식할 수 없는 왜곡이었다.

생각하는 건 자유라고 말한 사람들을 믿고 여기까지 온 느낌이었다. 여태 잘못 하나 없다고 생각했다. 자유롭게 정신을 펼치다가 자유자재로 늪에 빠진 기분이었다. 자극적인 것들을 의식하면 알 수 없이 도발하고 있었다. 왜곡과 한편이 된 것 같았다. 맞아도 이긴 것 같았다. 아파도 웃을 수 있었다.

사랑하는 사람을 꾀기 위해 냉담해지는 일처럼. 때릴 마음이 없는데 사나워지고 노력하지 않았는데 요행을 바라는 것처럼. 마치 당신이 다시 내게로 올 것처럼

제대로 듣고 올바르게 행동하는 법을 잊었다. 정상적인 판단이 설 때 가장 먼저 나와 싸우고 싶다. 실컷 얻어터진 뒤 흐르는 피를 네가 닦아주면 좋겠다.

용의주도한 재회

누군가 나에 관한 모습을 점찍듯이 알아냈다면 반드시 그 모습으로 돌아가야 했다. 매번 변함없는 분위기를 유지할 수 없다는 걸 의식하면서도 한결같이 행동하는 게 재회하는 사람에게 취할 수 있는 가장 기본적인 예의라고 여겼다. 우리가 다시 만나는 날 나는 항상 같은 날에 머물러 있었다.

그때를 기억하니. 그날 네가 그랬다니까. 어쩜 이렇게 달라진 게 없니. 나는 정말 달라진 게 없었다. 구면인 사람을 만나면 착실하게 그 모습으로 돌아갔으니까. 바뀐 게 없기를 바라는 것 같았으니까.

누군가와 다신 보지 말자고 말을 할 때 나는 하나씩 모습을 지웠다. 그래야만 비로소 기억도 안 난다는 말을 제대로 할 수 있었다. 잊기 위해 다 없애야 했다. 멍청해져도 달라진 내 뜻을 지키고 싶었다.

무수히 결별했던 날 수많은 내 모습을 지워가며 지킨 모습은 다름 아닌 또 다른 누군가가 알던 내 모습이었다. 용의주도한 재회를 하기 위해 그날에 머물렀다. 한 사람이 알던 내 모습으로 살았다. 그렇게 당신이 보고 싶었다. 재회의 맛은 이런 거니까. 다 지워도 그 모습은 지키고 싶었으니까.

만약 우리가 살인을 했다면 나는 다시 누군가를 죽일 수 있을까. 정말 내가 당신을 그렇게 좋아했다면 또 너만 바라볼 수 있을까. 그 시절이 너무 좋아서 난 다시 그렇게 살 수 있을까.

막연한 재회를 꿈꾼다. 하나의 모습을 빼고 다 잃은 채 살고 있다. 이제 별다른 기억이 없다. 사랑했던 나만 지킨다.

선잠을 자는 사람

 의식이 없는 것처럼 행동해도 감각은 깨어있었다. 정신은 사리를 분별할 수 있을 정도로 개운한 상태에 놓여있었다. 비록 나 홀로 말짱한 것이었다. 다른 사람들의 눈에는 삶을 대하는 움직임도 없이 끄떡도 하지 않고 자는 것처럼 보였을 것이다. 늘 다 듣고 다 알 수 있는 상황에서 세상모르게 자는 척을 했다. 산다는 건 오랜 잠을 청해야 하는 거니까. 어떤 밤과 상관없이 깊은 잠에 빠진 채 신경을 놓아야만 살 수 있으니까. 슬픔이 치밀어 올라도 울지 않고 선잠에 빠졌다. 적어도 그 순간 나는 우울해 보이지 않았다.

 눈을 뜨고 잠을 잤다. 나와 동침하는 사람이 다음날 눈을 뜨고 잤냐고 물어봐도 태연하게 버릇이라고 말할 수 있는 까닭은 타인을 안심시키기 위하는 마음에 있었다. 네가 세상을 놓치는 시간에 나는 너와 살아갈 세상을 찾느라 허덕이고 있었다. 눈을 뜨고 잠을 자는 척을 했다. 밤이 됐는데도 살아있는 감정을 재우지 못했다. 설렘이었다.

나만 잠을 포기할 만큼 사랑하는 것 같은 분한 마음이 일었을 때 몽유병이라고 칭얼거렸다. 참다가 터뜨리는 게 얼마나 무서운 일인지 알면서도 너와 나를 지키기 위해 가장 지혜로워 보일 수 있는 변명이었다. 몽유병처럼 화를 내고 몽유병처럼 울고 유령처럼 사랑한 세월이었다. 선잠을 자는 동안에도 눈치 없이 뭔가를 하고 싶은 본능이었다. 잠에 빠진 대로. 내가 정상이 아니라는 걸 제대로 아는 채로. 그래도 무엇이든 바라고 싶은 마음으로.

잘 자고 일어났다고 말할 때 우리 관계에 눈치를 보고 싶지 않다. 사랑이라는 감정에 구애를 받지 않고 제대로 자고 싶다. 기지개를 켤 때 키가 크기를 바라는 마음만으로 충분한 세상에 살고 싶다. 하품을 할 때 눈물이 나와도 슬프지 않은 곳에서. 피곤하다고 편히 말해도 되는 사람 옆에서.

우리 같이 잠 좀 깊게 잘까. 아침에 비몽사몽 일어나도 아무렴 좋은 날에. 선잠이 아니어도 되는 나에게서. 무감각의 나를 믿는다. 무신경의 나를 사랑한다. 무조건 너와 잠을 잔다.

이별의 가속도

 만족하기 힘들었다. 머리가 휘날리지 않을 정도의 사랑과 줄어들지 않는 거리감. 최선을 다하지만 나아가지 않는 갑갑함이었다. 사랑하는 존재를 향해 뛸 때도 차라리 우리가 되기 위해 온몸을 굴리는 일이 더 빠를 것 같다고 여겼다. 추하게 바닥을 굴러가다 보면 어지러웠지만 굼뜬 포복으로 좁혀진 거리가 보이지 않을 때 두통을 느끼며 편안해졌다. 어느 속도감인지 전혀 알지 못하는 순간. 빠른지 느린지도 모르고 내가 지저분해질 때가 괜찮다고 느껴지면 그 순간이 사랑에 대한 최선의 노력이었다.

 매진하며 다져진 몸이었다. 얼마나 더러워졌는지, 그건 신경을 쓰지 않았다. 난 계속 지저분했으니까 우리의 거리가 좁혀지다가 멈추는 일은 있을 수 없었다. 그러나 장애물을 만나면 내 뜻과는 관계없이 저절로 움츠러들거나 머뭇대며 아파하는 순간이 생겼다. 내 동작이 불편해질 때 나는 당신을 비롯한 어느 곳도 빨리 갈 수 없었다.

난관에 부닥치면 굴복한 채로 내 몸이 얼마나 추해졌는지 확인했다. 기어코 멈춰 서서 더러운 걸 털어내기까지 했다. 그렇게 속도는 줄고 알 수 없는 혼란으로 방향까지 잃으면 우리의 관계가 더는 좁혀질 수도 없게 됐다. 더러운 게 싫어져서 툭툭 털어낸 뒤 마음을 다잡고 기어가면서 조급함에 서두르면 점점 속도가 붙었다. 아무리 때를 묻혀도 외로운 건 싫은 탓에 성급해진 나였다.

한 번의 실수로 잃어버린 방향이 내가 바라는 곳과 반대편이 되면 내가 널 버린 것 같았다. 한순간 깨끗해지려다 몹쓸 짓을 한 것 같았다. 결국 한없이 자책하고 완주하면 이별이 됐다.

가속도가 붙은 사랑. 잽싸게 멀어진 시간. 급하게 새로워진 감정. 서두르면 어설퍼지는 삶. 절정의 이별.

어쩌면 출발한 순간부터 길을 잃은 것 같다. 바닥만 본 사랑이었다.

파병이었던 사랑

 일상에 자리를 잡지 못했다. 어디서든 따로 노는 감정을 한곳에 정착시키지도 못한 상황이었다. 주체할 수 없는 기분에 부름을 받고 매번 패하면서. 나 하나도 지킬 수 없는 순간 나의 전쟁을 등지고 파병을 떠났다. 너에게로 간 날이었다.

 도착지는 전쟁터였다. 너도 전쟁을 하고 있었다. 여기까지 와줘서 고맙다는 말로 당신이 사랑을 줄 때 실은 나도 전쟁이 끝나지 않았다는 사실을 숨긴 채 너를 도왔다. 나 자신에게는 신경을 쓰지 못하고 손을 더럽히는 일을 감행했다. 어쩌면 너의 적이 나의 아군이었을지도 모른다는 상상을 하기도 했다. 그래도 너만을 위해 힘이 됐다. 모든 걸 잃을 각오로 짐을 챙겨 떠난 사랑이었다.

 마치 나의 전투처럼 사력을 기여한 덕에 결국 당신은 승리를 쟁취했다. 한없이 기쁘게 웃고 있는 모습을 보고 이제 돌아가야 한다는 말을 끝내 전하지 못했다.

너와 살면서 전사한 나의 감정을 생각하고 있었다. 와중에 거처를 아주 옮기고 싶었다. 승리한 당신의 땅에서 편하게 계속 살고 싶었다. 이미 전쟁이 끝난 사람의 곁에서 함께하면 지금 느끼는 죄책감마저 없앨 수 있다고 믿었다. 황무지에서 모조리 잊고 다시 시작하고 싶었다. 그러나 걱정에 지는 동안 함께 웃어줄 수 없었다. 내 싸움을 도외시할 수가 없었다. 더는 네 나라에 있어줄 수가 없었다.

하는 수 없이 나의 전쟁터로 돌아가야만 했던 순간. 더는 저항할 힘이 남아있지 않았다. 너에게 내 감정을 다 줘서 불바다가 된 나를. 산다는 걸 재탈환할 여력이 없었다.

다시 파견을 꿈꾼다. 어디론가 나를 필요로 하는 곳에서 제대로 나를 포기하고 싶다. 그게 아니라면 남의 집결지가 아니라 내 땅에서. 내 감정 앞에서 협력할 사람을 찾는다. 너무 많이 외면해서 패배가 코앞이지만 작전을 펼칠 수 있는 용사를 찾는다. 사랑하면서 싸울 수 있는 그런 사람을. 내가 져도 같이 쓰러질 사랑을.

3장. 되찾은 것

반격

 내 감정에 결점이 있을 거라고 믿었다. 이대로 가다간 생사도 믿지 못할 것 같아서. 아무리 괴로웠어도 평안해지는 순간처럼 분명 괜찮은 날이 와야만 한다고 생각했다. 흐르는 눈물이 멈출 때. 오매불망 떠올렸던 추억이 어느새 가물가물해졌을 때. 우리도 매번 울상으로 살지는 않았으니까. 웃으려고 나약해진 거니까. 억울해도 상관없고 상스럽게 버티던 막심한 후회가 비로소 더 그럴싸한 사랑으로 변화할 때. 그 순간을 공략하기로 했다. 단, 힘을 아끼지 않아야 했다.

 초토화를 목적으로 달려들었다. 내가 잃은 것들을 되찾기 위해. 잊고 있던 걸 깨닫고 싶어서. 더 참혹한 슬픔을 막기 위해 가장 고달픈 현실을 마주했다. 가난했던 희망도 내건 진격이었다.

 허점을 찌르는 것처럼 감정을 들쑤셨다. 내가 마주하지 않으려 했던 기억을 마주했다. 살며시 건들기라도 하면 아주 패겠다는 심정으로.

못되게 굴면 같이 죽기라도 할 것처럼, 쉽지 않은 상대였다는 걸 각인시키기 위함이었다.

나를 고되게 만들었던 감정을 위기로 몰았을 때 기분이 좋았다. 스스로 만만하지 않은 것 같았다. 슬픈 일 앞에서 오열해도 잠식되지 않았다. 곤경에 처했을 때 어떻게 빠져나올지 궁리했다는 것만으로 맞설 준비를 마친 투사가 된 것 같았다. 시간에 기댔어도 내일을 믿는 것. 나약함을 알고 강해지려는 마음. 사랑이 끝났어도 사랑받고 싶은 마음이 남아있는 것. 이런 나를 얕잡아 봤다면 이 전쟁은 어리석은 감정의 참패로 끝날 거라고 단언했다.

살려는 주겠다는 마음이었다. 내가 또 울어도 나와의 전쟁에서 탈환한 감정이니까. 화가 치밀어도 더는 어쩌지 못하니까.

반격이었다. 슬퍼서 힘든 게 아니라 슬퍼서 개운해진 날이었다.

지휘권

 상처를 대비하지 않았다. 이미 도난당한 아픔이 채 가시지 않아서 뭐라도 지키겠다는 마음이 앞장서지 않았다. 움직일 수 없는 날이었다. 예비력처럼 아주 작은 행복이라도 주둔시킬 수 있는 통솔이 부족했다. 조금이라도 나아질 수 있는 상황에 방위 태세를 갖추지 못했다. 나의 모습을 조절하기에는 퍽 무력한 통수권자였다.

 노력하는 사람들을 보면 한 수 배우고 싶었다. 더 나은 삶을 위해. 살아있는 감정을 팔아도 행복을 위해 뭔가를 이루고 싶다고 말하는 그들에게 지휘를 가르쳐 달라고 애원하고 싶었다. 내 감정들만 보잘것없이 죽어가고 있다고. 당신처럼 감정을 충직하게 다스리는 법을 제발 알려달라고.

 가르쳐 주지 않아서 붙어먹기로 한 순간이었다. 친절하게 답해줘도 알 수 없는 마음이었다. 그저 옆에서 흉내를 냈다. 어떻게 지키고 어떤 작전으로 행복해질 것인지.

무엇을 되찾을 것인지. 내가 다스릴 감정을 알려준 지휘였다.

주도권을 찾았을 때 위태롭지 않았다. 당신이 부여한 지휘권 같았다. 일말의 행복이 제자리를 찾았다. 잘 살고 싶어졌다.

상납 돈도 잘라먹는다*

 너그러운 마음으로 살고 싶었다. 다들 피를 보는 세상에서 나라도 만만하게 몇 번의 내 뜻을 묵인했다. 남들이 아는 걸 나까지 알면 실망하는 것처럼 보였으니까. 사람으로 태어난 이상 사람보다 못해야 손쉬운 나를 봐줄 것 같았으니까. 내가 느끼는 감정에 토를 달지 않아야 사람들이 곁을 떠나지 않을 거라고 여겼다. 나까지 강해지면 모두가 나를 적으로 인식하게 될 걸 알았다.

 빼앗을 마음이 없었지만 자연스럽게 갈취로 보이는 것들이 있었다. 그럴 때 간단하게 싸움터가 마련되는 기분이었다. 그들은 가만있다가 내게 희망이 생기면 자신의 꿈을 가로챘다고 의식하며 곧장 적으로 간주했다. 내 감정의 동기였던 그들에게 나는 항상 우스웠다.

 나를 새로운 교전구역으로 몰아가는 사람들을 어떻게 상대해야 하는지 알 수 없었다. 너그러운 척 이대로 별 볼 일 없는 사람으로 살아야 할까.

---

*사람이 지나치게 이기적이고 욕심이 사나워 뻔뻔스럽고 염치없는 짓을 함을 비유적으로 이르는 말.

너 좋은 일만 하자고 말할까. 나는 다 괜찮다고 할까.

더는 옥신각신 떠들고 싶지 않아서 내 감정에 주가 되어 살아있으면 의무라도 지키라고 말했다. 국방의 의무를 다하는 것처럼 적어도 내 편이 되라고. 환경을 보전하듯이 행복을 지키라고. 납세하는 것처럼 당신 수준에서 조그마한 위로라도 달라고.

적어도 내 감정에 기거하는 사람이 기본적인 의무는 지키길 바랐다. 상납 돈도 잘라먹는 사람에게 내 감정을 소비할 수 없다는 생각뿐이었다.

나를 지키는 의무를 다했다. 나를 지킬 수 있는 방법을 찾았다.

시간아 착하다

　흐르는 시간을 아까워하는 삶. 이미 지나간 시간을 되돌릴 수는 없을 테니까 급한 대로 후회라도 막겠다고. 귀한 시간을 잘 활용하자고. 사람들은 나만 빼고 시간과의 싸움을 벌였다. 일분일초가 잔혹해졌다. 나는 무자비한 광경을 보면서 가끔 의아했다. 열심히 살려는 건지 혹시 그저 감정의 싹을 자르지 못해 엉뚱한 시간을 죽이고 싶었던 건 아닐지. 나만 다른 싸움을 했다. 시간을 체념하는 방식으로 모든 의도를 없앴다.

　"하고 싶은 것만 해도 아까운 시간이잖아. 사랑만 해도 별수 없이 지나가서 안타깝고 고백만 해도 거짓이 차고 넘치는데 최소한 숨기는 시늉이라도 하기 위해 최선을 다해야 하지 않겠니. 그렇게 시간을 잘 죽이고 싶지 않냐는 말이야."

　전혀 그렇지 않았다. 나와 감정과의 전쟁이 아무리 길어졌어도 지난 시간이 아깝지 않았다. 시간은 감정을 느낄 때 비로소 착해지니까.

그럴 때 시간을 다루기 쉬웠으니까. 세월이 상냥해졌다. 내 말만 따르는 것 같았다. 하고 싶은 대로 다 하면서 살았다.

어르고 달랜다고 반항하지 않을 시간이 아니야. 후려친다고 뜨끔할 녀석도 아니고. 슬픈데 울음을 참았을 때 시간이 나빴어. 반성이 끊이지 않더라고.

우는 시간을 따로 정해두지 않은 것처럼. 운명의 사람을 만날 수 있는 시간을 모르는 것처럼.

막 울었다. 그냥 사랑했다. 순조롭게 착해진 시간이었다. 마침내 좋은 순간을 알았다.

분신을 수습하는 마음

 나를 분산시켰다. 두려운 일을 선택해야 했을 때 공포에 떨고 있는 나를 하나씩 버리는 것처럼 어딘가에 덜어 내기 시작했다. 용기가 절실한 순간 자의식이 다방면으로 흩어졌으면 좋겠다고 여긴 날이었다. 하나씩 떨어져 나가서 맹해진 상태로 있으면 무탈하게 지낼 수 있었다.

 배신하다시피 몇 명을 내놓고 뒤도 안 돌아보고 떠난 길이 보이지 않을 때 기운이 없다는 말로 다 이길 수 있을 것 같았다. 노화된 인간이 본인에게 싹 다 쓸모없다고 말하듯이. 젊은 사람이 욕심이 많은 것처럼. 당신들이 다 가져도 된다는 심정이었다. 그래야만 수없이 떼어내고 어정쩡해진 나라도 살 수 있다고 믿은 날이었다.

 너무 강해 보이는 사람이 내게 왜 힘이 없냐고 물으면 네 몸의 수를 세라고 말했다. 그들이 주워 먹기 바쁜 인간으로밖에 보이지 않았다. 솔직히 흩뜨리지 않아도 살 수 있는 모습이 부럽기도 했다.

나를 버리지 않아도 되는 삶을 원했다. 이러다가 온전한 나까지 빼낼 것 같았다. 약자끼리 모여 나를 찾는 분신사바*를 하게 될까 걱정했다. 한시라도 빨리 방치된 나를 수습해야 한다고 생각했다. 얻을 건 쟁취하자는 젊은이의 모습이었다. 버리지 말자는 강한 사람의 힘이었다.

수습하겠다는 마음으로. 내가 버린 걸 거두어들이겠다는 다짐으로. 버릴 바에 써먹자는 생각을 했다. 내가 운집한 곳에 가장 나다운 모습을 되찾을 때까지. 언제나 수확의 철을 기다린다. 나를 찾으러 간다. 그곳에 너도 있을 거라고 믿으면서.

---

* '분신사바'는 귀신을 부르는 주술로,
일본에서 유래된 강령술인 '콧쿠리상'에서 파생된 뜻을 지닌 말.

고래 싸움에 새우라도 잡자*

 너무 막돼먹은 싸움이 일어난 적이 종종 있었다. 숨을 붙잡고 있는 것만으로 기적이라고 여겨지는 날. 참혹한 광경을 눈앞에 두고 실눈조차 뜰 수 없었던 순간이었다. 고래 싸움에 새우도 풀어놓고 수많은 너울에 구슬려 절망에 빠졌다.

 과격한 싸움에 내가 건질 건 아무것도 없다고 여겼다. 슬픔을 만나 경합을 벌이는 와중에 새우처럼 작은 그리움도 함께했으니까. 나는 일부러 놓치고 있었다. 막 터지는 그리움도 아수라장 사이에서 죽었으면 좋겠다고 여겼다.

 큼지막한 소동 사이에서 오합지졸이 되는 것들을 붙잡지 않고 살았다. 이별에서 미련처럼. 분노에서 억울한 것. 실패에서 포기같이 작은 몸짓으로 내 안에 날뛰는 것들.

---

* 우리나라의 속담 : '고래 싸움에 새우 등 터진다'의 뜻을 인용함.

내가 사랑하는 감정과 싸울 때 그 틈에서 광분하는 것들을 생각했다. 외로움과 현실도피. 나를 속이는 더 작은 감정들. 내 싸움에서 원인이 되기도 하고 불쌍하게 참전한 가여운 것들이 되기도 하는 사소함을 두고 보지 않고 잡기로 했다.

시답잖은 감정도 살리겠다는 마음이었다. 너와 이별하게 된 나의 과오를. 내가 실패했던 원인을. 전쟁을 좋아했던 까닭을.

조금이나마 나를 알아간다. 매번 낡고 있다. 부디 너도 잡을 수 있으면 좋겠다.

모포를 덮어주는 사람과

 야외 취침을 한 세월이 너무 길었다. 낮이고 밤이고 눈을 감아도 들리는 총성이 귀청을 울렸고 악몽이 파편탄처럼 정신에 박혀 괴로운 날이었다. 바닥에서 잠을 자고 무너진 건물의 잔해를 등진 상태로 쪽잠을 청하고 축축해진 뒷등을 문지르면 피라도 묻었다는 듯이 몸소름이 끼쳤다. 눈을 뜨고 감는 세상에 뭐라도 덮고 누구와도 붙어서 잠만 자고 싶었다.

 혼자 잘 때 머리를 받친 베개가 돌처럼 느껴져서 일어나면 팔이 굳어 있었다. 덮을 게 없어서 몸을 말았더니 키가 줄고 있었다. 교전 중에 나 홀로 야외 취침은 총에 맞지 않아도 몸이 뚫린 것 같았고 폭발이 지속되지 않아도 정신이 멎은 것 같았다.

 적인지 아군인지 알 수 없지만 내게 모포를 덮어주는 사람이 생겼을 때 나는 같이 잠을 청하면서도 동상이몽을 했다. 민간인을 사랑하면 안 되는 마음이었다.

나는 이길 생각을 궁리했고 그들은 살 생각을 궁리했으니까. 너무 다른 세상의 꿈이었으니까. 그렇게 덮어준 이불을 걷어낸 시절이었다.

내팽개치는 것처럼 수없이 모포를 젖혔을 때 다시 시작된 악몽이었다. 신분을 극복하지 못한 또 다른 패배였다.

전쟁이 싫어도. 우리의 세상이 달라도. 모포를 덮어주는 사람과 다른 꿈에 살아도 벗지 않겠다는 다짐이 필요한 세상이었다. 밤을 새우면서 지키고 싶은 사랑을 알았다. 열심히 덮어주는 내 모습을 되찾았다.

연막을 치다

 연막탄을 손에 쥐고 살았다. 상대를 이용해서라도 나를 걱정하는 마음을 느끼고 싶어서. 자취가 불분명한 내가 있다가 없고 또 없다가도 있으면 다들 허전함과 충만함을 오락가락하며 느꼈으니까. 내가 그들의 전부가 되고 또 허무가 되면 그렇게 기분이 좋을 수 없었다. 연막을 치고 서서히 모습을 드러내면 정말 살아있는 것 같았고 슬슬 사라지면 나만 살아있는 느낌이었다.

 고백이 필요한 순간 나만 살고 싶어서 행방이 묘연해졌고. 외로운 순간 실재하기 위해 조금씩 나타났고. 관심을 받고 싶어서 연막도 치지 않고 울었던 날들이었다.

 삶과 감정이 나를 향해 공격해 올 때 정말 살고 싶은 마음에 주저하다가 피를 흘린 채 뒤늦게 사라지기를 반복했다. 내 자리에 머무르고 싶었다가 사라지고 싶었다가. 연막탄이 있어도 진짜 살거나 아주 죽지 못하는 세상이었다.

정말 살아있어도 되는 삶을 살고 싶었다. 나만 살게 내버려두지 않는 사람과 함께 더 이상 숨고 싶지 않았다. 공격을 피하기 위해 잠깐 사라지는 순간조차 널 혼자 두는 게 싫어지도록. 너와 나만을 위한 연막을 치고 싶었다.

더는 떠나지 않아도 된다는 사람을 만나 우리만 사는 세상을 만드는 것. 서서히 모습을 드러내며 사랑을 하고. 서서히 자취를 감추고 우리만 보이는 삶.

연막을 치고 우리만 살아있을 때 가장 위대한 건 사랑이라는 걸 알았다. 너는 나를 가장 꼼꼼하게 숨기고 가장 화려하게 보여주는 사람이라는 걸.

내 연기로 오라고 밀하고 싶다. 같이 사라질 수 있겠냐고 묻고 싶다.

수렵기

 사냥을 일삼는 감정을 피하고 싶었다. 살생이 허가된 순간 살기 위해 발버둥 치고 꼬리에 꼬리가 물리는 세상에서 머리까지 덥석 낚아채려는 녀석들을 피하고 싶었다. 수렵기처럼 정해진 기간에 나를 잡는 사냥은 시작되고 있었다. 살길은 도망치거나 숨는 방법밖에 없었다.

 먹이를 찾는 것처럼 인생의 밥벌이를 궁리할 때 집을 털렸다. 감정은 움직이는 나를 찾지 못할 때나 외롭지 않은 순간에도 가까운 곳에서 나의 것을 빼앗고 있었다. 모든 날이 수렵기가 된 것 같았다. 감히 안주할 수 없었다. 이렇게 살다가 어느새 맞설 각오를 하는 게 두려웠다.

 내 본능을 탐색했다. 발톱이 있고 이빨이 있는 까닭을 생각했다. 살기 위한 유일한 방법. 나는 상처를 남기기 위한 거라고 여겼다. 결국 더는 피하지 않고 맞서야 했다. 분명 내 정체성을 다 알았다고 생각했다.

포획하기 위해 찾아오는 것 같은 감정과 대립했다. 슬퍼졌을 때 내 살에 상처를 남겼다. 분하면 혀를 깨물었고 괴로울 때 더 고통스럽게 보이는 방법이 세상을 살아남는 방법이라고 여겼다. 문제를 내게서 찾고 있었다. 잡히지 않고 버텨서 내가 아픈 날들이었다.

꽤 오랜 시간 사는 법을 터득하지 못했다. 피를 뚝뚝 흘리고 있으면 먹음직스럽지 않아서 피하는 사람들을 보고 혼자가 된 내가 이긴 것 같았고 절뚝이고 있으면 다 산 것처럼 보여서 그냥 되돌아가는 거라고 의식했다.

잘못 알고 있다는 걸 부인한 순간 나만 잘못되고 있었다. 받아들이지 못했을 때 돌아갈 곳도 없었다.

끝내 내가 찾던 곳도 감정이라는 걸 알았다. 살고 싶은 마음의 잘못된 확신이었다. 내 고집을 꺾고 생긴 상처. 절뚝이고 얻은 깨달음이었다. 어디선가 나를 부른다. 행복이 나를 찾는다. 최대한 건강하게 보이고 싶은 수렵기였다.

부릅뜨기

 보는 만큼 알 수 있다고 여기는 세상에서 자꾸만 눈을 감고 싶었다. 몇 대를 맞더라도 부은 눈으로 좁은 시야에 갇혀 살고 싶었다. 너무 많이 보이면 그만큼 부끄러워서. 내가 보는 만큼 나도 보일 것 같았다. 부릅뜨기라도 하면 세상이 싸우자는 뜻으로 의식하는 게 두려워서 맞아도 감히 대들지 않는 사람으로 살았다. 나는 어느새 눈에 뵈는 것도 없는 사람이 되어 있었다. 이유도 없이 너무 많이 맞은 뒤였다.

 난폭한 세상이었다. 슬며시 사랑하면 눈탱이 밤탱이가 되어 욱신거렸고 가늘게 살아가면 눈에 띄지 않아 외로웠다. 눈 좀 똑바로 뜨고 살라는 말을 들을 때도 일부러 눈물을 흘리기 위해 눈을 감았다.

 울고 있을 때도 주먹질을 멈추지 않은 세상이었다. 내 시야는 너무 좁아진 상태였다.

가끔 아픈 눈을 부릅뜨고 싶은 순간이 있었다. 떠지지 않아도 좁은 시야에도 반드시 보고 싶은 사람이 있었다. 시야에 온통 그 사람으로만 채우기 위해 사력을 다해 폼을 잡았다. 그 모습에 반항기가 확연해도 맞고 보겠다는 마음이었다.

자연스럽게 맞서고 있었다. 대항하는 내 모습이었다. 많이 보고 싶은 게 아니라 하나만 보고 싶었다. 부릅뜨고 맞으면서도 여전히 또렷한 사람이었다.

어딜 가도 부릅뜨고 산다. 어디에서도 맞서고 있다.

독보적 여유

 여유로운 사람을 만난다. 오랜 시간 만난 적 없지만 우리가 알고 지낸 세월을 통틀어 내가 본 그는 항상 느긋했다. 일상의 난잡함에 지칠 대로 지친 상태인 요즘 그를 만나 한가롭게 시간을 보내면 졸지에 나도 여유를 부릴 수 있을 것 같았다. 이건 그날 우리가 만나 더디게 나눈 대화의 기록이다.

 잘 지냈냐는 말이 오고 간 뒤 느릿한 그에게 질문을 던지면서 대화가 시작됐다.

 "넌 왜 이렇게 느리게 행동하는 거야? 말투도 마찬가지고. 원래 이 정도로 느렸나? 뭔가 전보다 심각하게 차분해진 것 같은데."

 "음, 그래? 바랄 게 아예 사라진 건가. 더 잃을 것도 없어서 그런 건가···."

"그게 무슨 말이야. 바랄 게 없고 잃을 것도 없다는 게. 남몰래 약이라도 먹냐?"

"약은 무슨. 그것도 순응이나 쾌락을 바라는 거잖아. 난 아무것도 욕심내지 않는다니까. 무언가에 심취한 감정을 전혀 느끼고 싶지 않아. 간혹 사랑이니 꿈이니 하는 것들도 여유를 잃게 만들잖아. 나는 그게 싫은 것뿐이야."

"넌 지금 여유에 심취한 것 같은데? 살 의욕이 전혀 없는 것 같아. 네가 생각하는 여유가 뭐길래 살 의지조차 죽이는 거야."

"죽고 싶다고 말하는 게 아니야. 사람은 매번 어떤 동작을 취하면서 살잖아. 밥을 먹을 때도 움직여야 하고 좋아하는 일을 할 때도 소박한 활동이 필요하잖아. 그러다가 결국은 멈추게 되고. 다시 아무것도 하지 않게 되잖아. 그럼 무슨 전쟁이라도 끝난 것처럼 안심하게 돼. 그 순간이 여유고 나는 그때를 놓치고 싶지 않은 거야."

나는 그와의 대화에서 나조차 감정에 여유를 빼앗긴 채 살고 있었다는 것을 깨달았다. 그러나 이런 나의 삶이 잘못되지 않았다는 걸 확신하고 싶었다. 묘하게 신경질적인 어투로 여유를 대하는 그의 방식을 짓이기고 싶었다.

"꿈을 향해 나아가고 사랑을 바라는 사람들이 여유를 포기라도 한다는 말처럼 들린다? 여유를 내놓고 삶에 뭔가를 이루기 위해 노력하거나 사랑으로 설레는 감정을 대체하는 사람이 전쟁터라도 나가는 것 같다고 말하고 싶은 거냐?"

"시작이 전쟁이었던 사람도 있어. 눈을 떴을 때 바로 휴식기에 접어든 사람이 있고 나처럼 참전을 포기하고 나라를 떠넘기면서도 영원한 안정을 바라는 사람이 있다고. 이건 누구도 따라오지 못할 독보적인 여유야. 차분함을 위해서라면 어떤 손가락질도 감수하겠다는 뜻이지."

나는 대답도 하지 않고 자리에서 일어나 독보적인 여유를 취하는 그를 두고 먼저 그곳을 떠났다.

삶에 의욕이 없는 사람을 도무지 이해할 수 없었고 그런 사람과 더는 함께 있고 싶지 않기 때문이었다. 나의 삶에 그의 삶을 대입한 순간 알 수 없는 분노가 치밀었다. 한참을 걸어 집에 다다랐을 때 지갑을 두고 왔다는 걸 깨달았다. 화를 삭이지도 못한 채 또 여유를 잃고 급하게 왔던 길을 되돌아갔을 때 그가 말했다.

"유일한 내 문제는 말이야. 떠날 곳과 있을 곳을 구별하지 못한다는 거야. 언제든 이곳이 전쟁터로 변해도 한가롭게 굴다가 나는 속수무책으로 열전 상태에 접어든다는 거지. 늘 여유를 취하다가 봉변을 당해. 영원한 여유가 없다는 걸 알아서 생긴 조급한 마음을 숨기고 싶은 거야."

그가 웃으며 지갑을 돌려줄 때 분노가 사그라드는 걸 느꼈다. 모두 마음 졸이며 살고 있는 것이었다. 다 같은 세상에서 살고 있었다. 잠깐의 여유로운 날이었다. 그는 다리를 떨고 있었다.

아군 사격 중지

 무차별적으로 대했다. 정체를 가리지 않고 내가 살기 위한 궁리만 했다. 아군인 줄도 모르고 사격을 하는 꼴이었다. 내 조준경에 아군이 섞여 있어도 방아쇠를 당기고 있었다. 피해를 줘도 어쩔 수 없다는 말로 다 되는 세상인 줄 알았다. 내게 희망처럼 다가온 사람에게도 몹쓸 짓을 연발했다. 지켜주지는 못할망정 무식하게 상처만 주고 있었다.

 사고 현장에서 가족을 두고 나만 빠져나오거나 좋은 걸 나만 갖겠다는 심정이거나 어떤 죄가 생겼을 때 남에게 떠넘기거나. 아무리 사랑이라도 내 시간만 신경을 쓰는 것처럼 나를 위해 누구도 아깝지 않은 시절이었다.

 계속 사격을 했다. 잘못 쏘면 맞는 사람이 조준경에 보였다. 괴로워할 틈도 없이 쓰러지던 많은 사람들을 보면서도 스스로 사격을 중지하라고 외치지 못했다.

내 시간만 소중하고 나만 불쌍했지만 나를 사랑하지는 못하고 있었다. 아군에게 피해를 입히면서도 나를 좋아하지 못하고 있을 때 총알이 나가지 않았다. 더는 나만 좋은 짓을 할 수 없는 순간이었다. 사랑은 죄가 없어야만 가능하다는 걸 알았다.

혼자가 되기 싫어서 아무도 쏘지 않았을 때 내 편이 압도적으로 우위를 점하고 있었다. 점점 적군이 명확히 보였다. 아군의 수가 줄지 않았다.

나부터 살자는 마음으로 한 행동을 멈췄을 때 점점 나아지고 있었다. 이기적으로 살겠다는 마음을 버려야만 결판이 난다는 걸 알았다. 총을 버리고 희생하는 마음을 되찾았다. 죄가 없는 곳에 내 사랑과 행복이 다 있었다. 모두를 살리고 함께 살고 싶었다. 네가 니를 쏴도 괜찮다면서. 아파도 좋다면서.

운집한 곳에서 사는 게 쉬울까

 사람이 많은 곳을 가면 이대로 가다간 다 죽을 것만 같아서 조용히 어디로든 몸을 숨겼다. 말끼리 부닥치는 소리도 싫고 사람이 많아서 내 길이 막히는 것도 싫었다. 내가 장애물 사이에서 탈출구를 물색해야 한다는 것 자체가 고역이었다. 우리 피신 좀 하자는 말을 나랑 그곳에 가서 놀자는 말로 대신하면서 불안을 떨쳤다. 이번에는 조용한 카페에 갈까. 말소리가 들리는 한적한 곳으로 갈까. 사람이 없는 곳에서 산책이나 할까. 내 불안이 상대와의 관계까지 영향이 미쳤을 때 내 감정이 심각하다는 걸 깨달았다.

 내 덕에 피신처에 왔으면서 왜 좋아하지 않는 걸까. 목숨을 건진 건 내 도움인데 어째서 고맙다는 말도 없을까. 나 혼자 북을 치고 장구도 치면서 연주에 불만을 가지는 꼴이었다.

나는 함께 피신한 사람들에게 공통적인 질문을 하는 개인적인 버릇이 있었다. 사람이 많은 곳과 적은 곳 중 어디가 더 좋냐는 물음이었다. 이 질문을 받은 사람들은 하나같이 사람이 많은 곳을 선호한다고 말했다. 그 말을 들을 때조차 나는 죽고 싶어서 안달이 났다고 여겼다. 사뭇 마음에 들지 않는 대답을 들으면 나는 또 질문했다. 그럼 사람이 많은 곳이 살기 쉬울까, 사람이 없는 곳이 살기 쉬울까?

두 번째 질문도 은혜를 모르는 답변으로 돌아왔다. 사람이 많은 곳이 살기 쉽다는 말이었다. 그때 비로소 살려준 걸 후회했다. 같이 도망치지 말았어야 했다고 생각했다. 그러나 가끔 두 번째 질문에서 그치지 않고 역으로 내게 질문을 던지는 사람이 있었다. 그럼 너는 사람이 많은 곳이 죽기 쉬울까, 사람이 없는 곳이 죽기 쉬울까? 그때 나는 어떻게 응답해야 하는지 알 수 없었다. 한참을 고민했다. 피신처에서 날을 새는 기분이었다.

결국 나는 사람이 없는 곳에서 죽기 쉽다고 말했다. 아무도 없어야만 신경 쓰지 않고 편하게 죽을 수 있다고 여겼기 때문이다. 그러자 질의자는 입을 열었다.

운집한 곳에서 살기 쉬울까? 운집한 곳에서 죽기 쉬울까? 정답은 둘 다가 될 거야. 살고 싶으면 위험을 무릅쓰고, 죽고 싶으면 희망을 저버려야 해. 우리가 함께 사는 세상에서는 누구도 네 뜻에 장애가 되면 안 된다는 말이야.

그 말을 듣고 나만 피신하고 있다는 걸 알았다. 모두 죽을 준비와 살 준비를 마친 사람들 같았다. 나도 운집하는 그들과 섞여 구름의 일부분이 될 수 있다는 걸 모르고 있었다.

나는 말했다. 나가서 하늘을 좀 보자고. 살아보자고.

무명용사

 슬며시 와서 힘이 되어주거나 외로움을 느끼도록 조용히 떠나는 사람이 있었다. 정체가 뭐냐고 물어볼 겨를이 없었던 탓에 이름도 알리지 않고 사라진 사람들이었다. 하필 너무 힘들 때라서. 아무것도 알고 싶지 않았던 순간이라서. 어디로 사라졌는지 정신을 차리고 나서야 비로소 궁금해진 사람들. 그땐 이미 늦은 무명의 용사들.

 도움을 준 사람을 기억도 못 했다. 좋아했던 사람에게 말도 못 붙였던 것처럼 한참이 지나서야 후회하고 관심을 갖게 됐다.

 그때 그 애를 기억하냐고 물으면 망설이지 않고 대답하지 못하는 내가 수치스러웠다. 내 삶에 적이었어도 알지 못한다는 사실에 적의 정체도 모르고 싸운 것처럼 내가 멍청한 사람이 된 것 같았다. 설사 아군이었다면 그 죄의식은 날로 깊어만 갔다. 도움도 기억하지 못하는 파렴치한 사람이 됐다.

정확히 기억하고 싶었다. 후회나 미련으로 갑자기 떠오르면 마음속으로 이름이라도 부르고 싶어서. 어떤 사람이었는지 되새기고 싶어서.

어느 순간 내가 알지도 못한 사람을 문득 만났을 때 나를 기억하냐는 물음에 자신 있게 답하지 못한 순간이었다. 그때 내가 할 수 있는 건 이름 모를 용사에게 추모라도 하는 감정뿐이었다. 나는 얼떨결에 공손해졌다. 기억하지 못했다는 까닭에 사람을 괜히 내 손으로 죽이기까지 한 것 같았다. 자꾸만 나 자신이 실망스러웠다.

다소곳한 자세를 연이어 취했을 때 나의 기억에서 흐릿했던 사람과 재회했다. 그는 본인을 잊었어도 괜찮다고 했다. 그만큼 자신이 내 삶에 큰 인물이 되어주지 못한 것이 도리어 미안하다고 말했다. 그때 알았다. 나도 어딘가에서 무명으로 살아가고 있음을.

적어도 나와 같은 생각을 하며 살아가는 사람의 기억에서 죽임을 당하지 않겠다는 다짐을 했다. 더불어 어떤 이들에게 큰 인물이 되어주지 못해 사과하는 일은 막겠다고 결심했다. 잘 기억될 수 있는 사람이 되고 싶은 마음을 찾았다. 장기간 기억되고 싶다. 오래 싸우고 싶다. 절대 이 삶을 포기하고 싶지 않다.

세뇌

 죽고자 하면 살고 살고자 하면 죽는다는 전쟁 영웅의 말을 믿고 살았다. 살기 위해 죽을 만큼 사랑한 것 같았다. 살고 싶어서 죽을 각오로 집요해진 나였다. 그렇게 좋다는 말을 입에 달았을 때 살려는 의지가 보였다. 그 감정 하나로 다 이길 수 있을 것 같았다. 막연한 사랑, 막대한 생명력이었다.

 죽고 싶을 때 사랑을 잃었다. 그래도 가까스로 살아갈 수 있었던 까닭은 손쉽게 세뇌되는 마음에 있었다. 앞으로 잘 지내. 또는 행복하게 지내길 바란다는 이별의 말에 주입된 채 그나마 목숨을 유지하며 살았다. 내가 올바른 병력이 아니라는 걸 깨달았을 때는 아무리 노력해도 행복해질 수 없는 감정을 느낀 순간이었다. 명을 받들기 어려웠다. 행복하게 사는 게 쉽지 않았다. 네가 보고 싶었다.

 어떤 말이든 믿을 수밖에 없었다. 그래야만 내가 살기 위해 죽으려 애쓴 마음을 증명할 수 있으니까.

내가 죽을 만큼 사랑한 사람의 곁에서 정말 살아있다는 걸 느꼈으니까.

잘 버티다가도 넋을 잃게 되는 말을 종종 들었다. 나의 문제에 대한 말과 삶을 대하는 잘못된 시선을 바로잡으려는 충고. 다 받아들이고 살기에는 화가 나는 말들이었다. 애초에 살고 싶어서 죽기 직전까지 갔던 내게 새 길을 터주는 말들은 아무런 소용이 없었다. 한 귀로 듣고 한 귀로 흘리다가 본분까지 떠내려간 삶이었다.

살기 위해 죽을 만큼 사랑했던 마음이 사라져서 기본적인 애정의 구실도 하지 못했다. 사랑할 수 없게 된 기분이었다. 행복하게 잘 살라고 해준 지난 사랑의 말만 되뇌며 웃지 못하는 인생에 자책은 커져만 갔다.

잘 살지 못해 미안. 행복하지 못해서 미안. 그 말들로 하루를 채웠다. 사과하는 마음이 나를 조종하게 되었을 때 살고자 하면 죽는다는 말을 떠올렸다. 너를 위해서만 산다는 생각으로. 네 말을 지키기 위해서만 죽어가자고.

너는 왜 잘 살고 있냐는, 또 다른 충고 같은 말을 들었을 때 나는 행복하기 위해 산다고 말했다.

그럼 "나도"라는 말이 돌아왔다. 내가 뱉은 말이 상대를 세뇌시킬 수도 있다는 걸 그 순간 깨달았다.

살기 위해 사랑했던 사람과 이별의 말을 전할 때 행복하게 잘 지내라는 말을 듣고 내가 뱉은 말은 "너도"였다.

내 말을 듣고 세뇌라도 당했으면 하는 마음이었다. 정말 행복해졌으면 하는 바람이었다. 나는 다시 사랑한다고 말하기 시작했다. 다 같은 말을 하길 꿈꾸면서. 세뇌라도 당하기를 바라면서.

자신과의 싸움이 아닌 마라톤*

 달리고 있었다. 전쟁이 끝났다는 소식을 전한 마라톤의 근원이었던 사람처럼. 앞만 보고 달리는 순간에 감정도 지쳤는지 싸움을 걸지 않았다. 이대로 계속 질주하고 싶었다. 나도 전쟁이 승리로 끝났다는 말을 내뱉고 싶었다. 목청이 터져라 해방을 외치고 싶었다.

 뛰고 있는 순간 아무런 감정을 느끼지 않았다는 까닭에 마음이 평온해져서 살아볼 만한 세상이라고 여겼다. 그러나 육신이 마비되고 있었다. 자못 힘에 부치고 있었다. 삶이란 달음박질치는 것 같았다. 전쟁을 끝내기 위해, 내 입으로 승리를 알리기 위해 또 다른 죽을 고비를 맞닥뜨린 것 같았다. 세상은 멈추거나 달리기 위해 존재했다. 쉰다는 건 있을 수 없는 일이었다.

---

* 육상 경기에서 42.195km를 달리는 장거리 경주 종목. 기원전 490년 아테네의 용사가 전쟁터인 마라톤에서 아테네까지 달려와 전승의 소식을 전하고는 죽었다는 데서 유래한다.

정신적으로 싸울지 육체적으로 싸울지를 정해야 할 것만 같았다. 어느 쪽으로 봐도 괴로운 건 마찬가지였다.

너는 정신적으로 힘들겠다는 말을 들으면 당장 바깥으로 나가 내달리고 싶었다. 육신으로 전장을 옮기고 싶었다. 승리는 바라지도 않으니까 막 뛰기 시작한 순간에 여유라도 좀 느끼고 싶어서.

가끔 오래 달리다가 같은 속도로 달리는 사람을 만난다. 괴로움을 함께 이겨내자고 마음을 먹었다가도 내가 더 빨리 승리를 외칠 거라는 마음에 전우를 제치고 만다. 더 잘 살고 싶은 감정이 이따금 군번줄을 달고 나타난다. 정신과 육체가 동시다발적으로 목을 죄는 것처럼 통증을 느낀다.

중간에 멈춰 서는 순간 나와 멀어진 전우와의 거리가 좁혀져도 연연하지 않고 끝내 나를 만나도 내가 다시 움직일 때까지 기다려주는 사람을 만나고 싶다. 그런 사람과 함께하는 경주라면 도착지에서 승리를 외치는 사람이 누구라도 괜찮을 것 같다.

승리에 희생이 따른다면, 그게 내가 아닌 우리의 승리라면 난 감정에 참패당해도 좋다는 말을 하고 싶다. 잘 도착하라고 성원하는 마음을 찾을 수 있을 것 같다.

나와 같이 뛰어가는 사람에게. 나도 너를 기다려줄 수 있다는 마음으로.

이상 없습니다

 무심하다는 건 감정과의 싸움에서 져도 그만 이겨도 그만이라는 마음을 가지는 거라고 생각했다. 나쁘지 않은 세상이라고 말하는 사람을 보면 나만 빼고 매국노처럼 보였다. 자신을 속이고 감정에 기분을 팔고 잠깐의 평온을 지키는 사람들. 그건 무심한 게 아니라 무모한 거라고 여겼다. 다 좋거나 모두 괜찮을 수 없는 세상에서 나만 이의를 다는 것 같았다. 문제가 없으니까. 다 죽어도 좋으니까 이대로 싸워도 이상이 없다는 말을 차마 뱉을 수 없었다. 그렇게 시작된 반항이었다.

 이상 있습니다. 제기랄 오늘 이별을 했어요. 문제가 있다고요. 오늘 가족이 작고했어요. 아니요. 하나도 괜찮지 않아요. 너무 슬퍼요. 정말 힘든 세상입니다. 이대로 가다간 내가 끝장을 볼 것 같다는 말입니다.

 처음 감정에 토를 다는 건 그리 어렵지 않았다. 괴로우니까 아프다고 말하고 슬프니까 울게 내버려두라고.

항상 문제를 해결하기 위해 이상하다는 말을 입을 달았다. 문제가 되는 걸 보살피지 않고 살 수 없었다. 이 상태가 지속되면 나는 더 끔찍한 선택을 할 것만 같았으니까. 한시라도 빨리 해결하고 싶었으니까. 그러나 말해도 나아지지 않고 이의를 제기해도 변하지 않는 감정에 정말 무모한 건 이상이 있다고 말하는 내가 아닐지 의심하게 됐다.

어차피 이 총기는 못 고치니까 그냥 쏘세요. 괜찮아요. 안 죽어요. 신경 쓰지 않아도 돼요. 그냥 잠깐 지나가는 중에 겪는 아픔일 뿐이에요. 영원한 고통은 없으니까. 점차 낫는 게 상처니까 분명 좋은 날이 올 거예요.

이상이 있는 총기를 들고 문제가 있는 내가 잘못된 곳을 쏘고 다닐 것만 같은 순간이었다. 무심하게 괜찮다는 말을 뱉으면서 큰 결함이 생기고 있었다. 총알의 파편이 사방으로 튈 것 같았다. 아무나 갖다 박을 것처럼. 내가 다 맞아도 괜찮다고 생각하게 될 것처럼.

어느새 나도 무던해지고 있었다. 최선을 다해 묵묵히 버티기만 했다. 나와 아무런 관계도 없는 것처럼.

냉담하게 여기저기 낙후된 총기로 이상한 곳을 쏘고 다녔다. 나를 속이는 감정이 마음에 세차게 박히고 있었다. 이상이 없는 나였다. 그럼에도 고통은 금방 지나갈 테니. 나는 문제없다는 말을 피 대신 뱉고 있었다. 정신이 섞갈렸다. 옳은 게 뭔지 틀린 건 뭔지도 모르는 채로.

얘 이상 있습니다. 이 싸움에서 열외를 시켜야 할 것 같아요. 어딘가 괴로워 보여요. 다소 슬퍼 보이기도 하고요. 피를 토하는 것처럼 괜찮다는데 전혀 문제가 없어 보이지 않아서요. 눈에 초점도 맞지 않고 살 의지조차 없는 것 같습니다.

누군가 나를 이상한 놈으로 취급할 때 정상으로 돌아온 것 같았다. 그렇게 기분이 좋을 수가 없었다. 내 문제를 깨낼은 것처럼. 이제 해결만 하면 될 것처럼.

나의 이상함을 알아채는 사람을 만난다. 나를 수상하게 여기는 사람이 해결도 가능한 존재라는 걸 깨닫는다. 너 오늘 좀 이상하다는 말을 사랑한다는 말처럼 듣게 된다. 어딘가 의심스러운 사람을 찾게 된다.

넌 오늘도 참 이상하네. 세상이 아니라 네가.

자랑스럽다

 큰사람이 되고 싶었다. 스스로에게 결백한 삶을 살고 대단한 욕심은 아니라도 무언가를 이룰 수 있는 순간에 머무르고 싶었다. 하루가 무의미하지 않도록. 가만히 생각만 해도 업적이 쌓이는 사람으로 보이기를 바랐다. 남들과 다른 기백을 갖고 있다는 말과 굉장한 사람이라는 칭송을 받고 싶었다. 할 줄 아는 게 없다는 걸 일찍이 깨달아서 인간 됨됨이의 기본적인 사상과 사지를 걸고 내 감정과의 전쟁에 자원입대한 것 같았다. 승패를 떠나 주변 사람들은 자발적으로 싸움에 발을 들였다는 것만으로 나를 환대하고 다녔다. 내 감정 덕분에 나는 자랑거리가 됐다.

 내가 웃다가 울고 화를 냈다가 곧바로 차분해지는 기복 속에 살아도 그들의 자랑거리니까 눈감아 줄 거라며 안도했다. 주변 사람들의 목숨을 살릴 수 있는 주력이라도 된 것처럼 묘하게 뿌듯하기도 했다.

그런 착각 속에 살았다. 힘든 일이 생기면 당연하다는 듯이 위로를 바라고 기쁜 일이 있으면 함께 웃어주는 게 나를 대하는 마땅한 일이라고 여겼다. 분명 내가 자랑스러울 테니까.

오늘은 전투에서 슬퍼졌어. 어제 생긴 우울의 상처가 가시지를 않네. 사람들 앞에서 좀 울어봐야지. 분명 눈물을 닦아주고 위로해 줄 거야. 괜찮다고 말해줄 거야.

당연하게 사람들을 대했다. 분명 영웅이라도 된 것처럼. 나 오늘 힘들다는 말을 내뱉을 때면 위안을 바랐고 기쁜 일을 물고 오기를 기대했다. 외로운 순간 누구라도 알선해 주겠지. 이기적인 것도 모르고 착하다고 해줄 거라며 자신 있게 간주했다.

사람들은 아무것도 해줄 수 없었다. 울고 있는 눈물의 원인만 말할 뿐 내 상처를 치유하거나 슬픔을 타파하지 못했다. 외롭다가도 다시 혼자가 된 순간이면 또 울고 싶었다.

혼자 있는 법을 배워야지. 혼자 노는 법도 알아야지. 인생은 혼자야. 누구나 독고다이라고 하는 말을 들으면 계속 전쟁터에서 살아야 한다는 말로 들렸다. 그럴 수는 없었다. 한숨 돌릴 수 있는 세상을 찾아야 했다. 누구나 각자의 전쟁에 살고 있다는 걸 알지 못했다. 다 전쟁의 영웅이었다.

위로해주는 건 내 싸움을 잠시 모른 체해야 가능한 것. 고맙다는 말은 내 싸움에 도움이 돼야 할 수 있는 말. 살려달라는 말은 죽기 직전에 하는 보탬이었고, 마지막으로 사랑한다는 말은 도움받지 않아도 너마저 각오하겠다는 뜻.

슬플 때 필요한 건 사랑한다는 말이었다. 너를 사랑한다. 나를 사랑한다. 또 영웅이 주는 사랑을 바란다.

전능

 마음을 어떻게 먹느냐에 따라 세상이 변한다는 말을 들었다. 나는 죽고 사는 문제가 전부인 세상에서 어떤 생각을 품어야 하는지 알 수 없었다. 힘을 키우거나 무력해지거나. 아득바득 맞서거나 몽땅 받아주거나. 혼자 살거나 혼자 죽거나. 전능하고 싶었지만 나를 무능하게 만드는 감정이 너무 많았다.

 배가 고플 땐 굶어 죽거나 그냥 죽거나의 기로에서 양심상 맛도 없는 곳으로 나아갔고 슬픈 일이 닥치면 저항하거나 그냥 맞거나의 선택에서 항상 아팠으며 잠깐 행복해지면 이 기쁨을 원동력으로 삼을지 원한으로 여길지 고민 끝에 화를 냈다.

 전쟁을 치르고 있는 사람에게 더 나은 결정은 없다고 생각했다. 고만고만한 대응에 그저 그런 사람이 되고 있었다.

배고픈데 뭘 못하겠어. 죽을 고비도 넘긴 사람인데 죽기밖에 더 하겠니. 고백해도 세상은 안 변해. 이별도 기회야. 무서워도 그건 잠깐이라니까. 네가 있는 그곳에서 살아가는 건 감정이 아니라 너야.

더 나은 세상을 살기 위해 감정을 이용하는 사람들이 있었다. 그들이 전능하게 보였다. 도움을 청하고 싶었다. 빌어먹을 전쟁 좀 끝내고 싶어요. 행복해지고 싶다고요. 외로움이 지겨워요. 제발 좀 살려주세요.

문득 내 감정을 이용한 말을 하고 있었다. 외로우니까 사랑한다고. 죽기 싫으니까 살려달라고. 지고 있으니까 이길 수 있게 해달라고.

가장 인간적인 말이었다. 전능했다. 제법 순수한 애원이었다. 실은 내가 못 할 짓이 없었다. 세상이 싫어도 좋아질 수 있는 날이었다.

기다리라는 말

 어쩔 수 없이 뱉는 말. 형편을 따지고 보면 내가 뱉을 수 있는 가장 희망적인 말이었다. 조금만 기다려달라고. 조급함을 품고 염원하는 시간을 행복으로 착각하는 게 고된 시련을 견딜 수 있는 유일한 방법이었다. 매번 멍청해져도 그런 날과 그런 말이 필요한 게 인생이라고 생각했다.

 기다려달라고 말할 때 우선 살고 봐야 한다는 마음이었다. 나 홀로 동떨어진 곳에서 감정과의 사투를 견뎌야 했으므로. 목숨부터 건져야 약속도 지키고 제대로 된 사랑도 하고 오랜 기다림 끝에 결혼하자는 말도 할 수 있을 테니까. 그렇게 행복도 딸려 오는 거라고 믿었다. 아직은 청혼하지 못하는 현실처럼 나는 늘 전쟁에 살았고 기다려달라는 희망을 입에 달고 살았다.

책임이 따르는 말이라는 걸 알지 못했다. 기다릴 수 있겠냐는 것도 아니고 무작정 기다리라고 말했던 내가 수치스러웠다. 더 확실한 위안을 바라고 뒤탈 걱정도 없이 뱉은 이기적인 말이었다. 항상 무책임한 말을 뱉고 홀로 감정에 싸늘해져서 오랜 기다림을 보답하지도 못했다. 내 약속을 버티던 사람들을 애타는 감정의 전장으로 인도하고 나만 빠진 것 같았다. 나는 함부로 기다리라고 말할 수 없게 됐다. 어느새 경황없는 사람들을 만나는 것조차 힘들었다. 여유가 없는 사람들을 피하고 있었다.

기다리라는 말을 가벼이 여기고 싶었다. 마치 반려견에게 사료를 주기 직전의 말처럼. 반드시 줄 거라는 걸 믿고 차분하게 기다리는 명견처럼 내 사람들도 얌전했으면 좋겠다고 생각했다. 보채는 건 부질없다고, 나만 더 힘들게 할 뿐이라고 생각했다.

빨리 돌아오면 좋겠다고 말하거나 감정에 현혹되면 안 된다는 말처럼 기다리기 힘들어서 보채는 말을 들으면 반드시 살아남아 돌아가야겠다는 마음보다 어느새 나도 초조해져서 다 포기하고 싶어졌다. 기다리는 건 내가 아니라 다른 사람이지만 안절부절 급하게 만드는 재촉이 싫었다.

가만히 좀 있으라고 말하고 내가 돌아가지 않았다.

남을 생각하면 내가 괴로웠다. 나 홀로 하나의 감정을 끝장내지도 못하는 삶에 지켜야 할 일이 늘어가는 건 내 무덤을 스스로 파는 것처럼 느껴졌다. 돌아갈 곳이 없어도 부디 이 싸움이 끝나기를 바랄 따름이었다.

문득 나조차 이 전쟁이 끝나기를 기다리고 있다는 걸 눈치챘다. 밤이면 내일도 평온하게 해달라고. 살아남고 싶다고. 어서, 빨리 지나가라고. 그렇게 편파적인 수작이라도 부려야만 살 수 있을 것 같았다.

조르는 것도 나를 위한 애정이었다. 뭔가를 요구한다는 건 그 사람을 소중하게 여긴다는 뜻이란 걸 깨달았다. 늘 보채는 삶이었다. 너와의 추억에 살았다. 기다렸고 언제나 함께하고 싶었다.

비리와 비밀

 참기 힘든 비밀로 가득했다. 함부로 발설하기 힘든 일들. 목숨이라도 걸어야 할 것만 같은 내용들. 부끄럽거나 잃을 게 많아서 더 숨겼던 날들. 그런 비밀은 감히 털어낼 수 있는 사람을 만나더라도 비리만큼은 끝까지 감춰야 했다. 나쁜 것만 숨기는 삶에 점차 비밀은 비리와 같아지고 있었다. 말해도 지킬 게 있었고 말하지 않아도 나쁜 게 있었다. 함부로 내뱉지 못하는 사실이었다.

 좋은 사람을 만나면 비리를 뺀 비밀만 말하고 싶었다. 참된 걸로 포장한 이야기들. 다 뱉고 나면 어느새 내 자랑이 된 것들. 자신의 칭찬이 될 수 있는 거짓을 전전긍긍하다 실토하면 나는 멋있는 사람이 됐고 비리를 감추다가 말하면 치욕을 감당해야 했다. 어떤 비밀도 나쁘지 않은 건 없다고 생각했다. 거짓으로 꾸미지 않는 비밀은 있을 수 없었다.

사람을 가장 잘 알 수 있는 방법은 비리뿐이라고 여겼다. 서로의 부정까지 내통해야 거짓이 없는 것 같았다. 그래서 나는 서로가 감췄던 이야기를 할 때면 비리를 트자고 말했다.

네 비리는 뭐니. 꿍꿍이가 뭐냐는 말이야. 여태껏 숨기던 네 잘못을 회개하듯 말해봐 어디.

올바른 대화가 될 수 없었다. 사람들은 또 자신의 나쁜 점을 뺀 비밀만 말하려 했으니까. 아무도 믿을 수 없었다. 모두가 가식적인 사람으로 보였다. 누구와도 가까워지기 힘든 삶이었다.

아무것도 바라는 게 없을 때 비로소 나의 비리를 쉽게 말할 수 있었다. 스스로에 대한 기대마저 저버려야만 가능한 말들. 나의 지난 과오. 실수라고 말하지만 명확한 잘못들. 찝찝하고 부끄러웠던 일과 사랑해서 숨기고 싶었던 사람들.

내 비리를 알아차린 사람들은 이야기를 듣고 모두 곁을 떠났다. 나는 솔직한 건 이런 모습이라고 생각했다. 비리가 있는 한 누구도 가까워지지 않았다.

가장 아름다운 비리를 간파한 건 예상치도 못한 비밀이었다. 비리와 전혀 관계없는 순수한 숨김이었다. 나는 그 말을 듣고 부정을 말하지 않아도 그 사람에 관한 모든 일을 알게 된 것 같았다.

실은 어떤 사람을 좋아한다고. 정말 부끄럽지만 너무 슬프다고. 이러면 안 되는 걸 알지만 눈물을 참을 수 없다고.

감정에 솔직한 사람이 속을 튼 말들이었다. 너무 깨끗하고도 순결한 형태의 이 비밀은 악의가 전혀 보이지 않았다. 어떤 속셈도 없었다. 그때 내가 말할 수 있는 가장 참된 비밀을 알았다. 감정이었다.

너무 많은 진실을 참고 살았다. 사랑하고 슬퍼하면서 거짓으로 위안을 삼던 날이었다. 어쩌면 나는 여전히 너를 사랑할 수도 있겠다. 그 많은 슬픔을 여전히 잊지 못한 것 같다.

잘 살고 싶다. 이건 우리 모두의 비밀이다. 이제 숨길 것이 없다.

4장. 승패와 상관없이

우리는 맡은 바 최선을 다했다

 어떤 일을 마쳤을 때 결과가 어떻게 되든 최선을 다했다고 말하면 나를 속이는 것 같았다. 그렇다고 노력하지 않았다고 하는 건 더 부끄러웠다. 내가 한 것들이 노력인지 아닌지 알 수 없었다. 산다는 건 노력이 필요해서 살아지는 게 아니라고 여겼다. 죽지 않는 게 애를 쓰는 일이라고 말하면 그게 맞는 말인 것 같았지만 괜스레 비참해졌다. 내 감정에 대들면서 잘 싸우고 있냐는 물음에 죽지 않았다는 말이 대답이 될 수 없는 것처럼.

 힘들다는 감정을 느끼면 내가 노력하는 것 같았다. 그래서 최선을 다했냐는 물음을 듣기도 전에 힘들다는 말부터 꺼냈다. 괴로운 만큼 공을 들였다는 거겠지. 더 나아가 아픈 만큼 잘한 일이겠지.

 총을 많이 맞아야 내가 우세해졌다. 많이 슬퍼져야 극복이 대단해지는 거라고 여겼다. 맡은 바 최선을 다한다는 것은 맡은 바 그 감정에 얼마큼 이바지했는지에 따라 달라졌다.

사랑을 맡은 바 나를 잃으면서도 좋아했고 그리움을 담당한 바 개인적인 시간이 사라져도 행복했다. 감정을 느끼는 바 최선을 다해 체험했고 감정과의 전쟁에 참여한 바 최선을 다해 다쳤다.

이것도 온 힘을 다한 거라고 말하고 싶다. 우리가 죽으려 한 것도 노력이 될 수 있다는 걸 알려주고 싶다. 너는 매 순간 맡은 바 최선을 다할 뿐이다. 산다는 것에 집중하고 있는 것이다.

생존자의 증언

 삶은 그저 죽고 사는 문제만 있는 게 아니었어요. 차라리 죽고 싶을 때와 오히려 살고 싶은 순간이 너무 많았어요. 엉겁결에 기쁨과 슬픔에 맞서야 했어요. 목숨을 걸고 제 기분을 의심하고 있었어요. 행복한데 살아도 되나 싶었고 눈물이 흐르는데 전혀 슬프지 않았을 때 이 전쟁이 끝나기를 바라는 게 아니라 도리어 제가 사라지기를 바랐다고요. 사람의 힘으로 무언가와 대적한다는 건 아무런 의미가 없어요.

 "본인 의지로 적을 없앨 때 어떤 감정이었나요?"

 막상 적을 눈앞에 맞닥뜨리면 움직일 수 없었어요. 두려움은 저를 주저하게 만들었고 슬픔은 참을 수 없는 통곡으로 저를 괴롭히고 있었어요. 그래도 살고 싶었어요. 오직 그 생각만 했습니다. 죽이지 않으면 죽는다는 걸 느닷없이 드러나는 현실을 보고 깨달았어요.

그래서 행동을 개시했습니다. 저를 옭아매는 감정을 무참히 없앴습니다···. 잠시만요. 질문이 뭐였지요? 조금만 쉬었다가 계속하면 안 될까요? 아직은 너무 괴롭습니다.

"많이 힘드셨을 텐데 죄송합니다. 본인 스스로 감정을 사라지게 했을 때 어떠셨는지를 여쭈어봤습니다만."

···. 물론 제가 살아남았습니다. 결과적으로 보면 그렇습니다. 하지만 적의 수가 너무 많았어요. 잠깐 살아도 다음이면 죽을 것 같았지요. 슬픔이 사라지면 죄책감이 몰려왔고 그 죄책감마저 씻어내면 고적함이 들어찼습니다. 너무 외롭고 힘든 순간이었어요. 결국 다시 되살아나는 슬픔을 또 대응해야 했습니다. 마치 감정은 본인들이 있어야 제가 살 수 있다는 것처럼 행동했어요. 외려 그게 나를 살게 하고 있다는 착각이 들 정도로요.

"네 답변 정말 감사합니다. 그렇다면 전쟁 중에 행복한 순간은 없었나요? 혹 그럴 때가 있었다면 그건 언제였나요?"

사람들이 그렇게 말하고는 하잖아요. 소소한 행복에 감사함을 느끼라고요. 그런데 전혀 소소하지 않은 것들을 할 때 행복을 느꼈습니다. 예를 들자면 밤에도 찾아오지 않은 평온을 공허한 순간 느낄 때 행복했고. 그 많은 적들이 저를 살려두고 그냥 지나칠 때 행복했습니다. 죽이지 않은 이유는 모르겠습니다. 운이 좋았을 수도 있겠지요. 아무쪼록 가장 큰 행복을 물으신다면 그건 희망이 보일 때였어요. 돌아갈 사랑이 있다는 것. 살 가치가 있다는 것. 승산이 보이거나 구사일생으로 목숨을 건질 때가 아니라 저라는 사람이 괜찮다고 느껴질 때 몹시 행복했습니다. 만약 이 답변에도 만족하지 못하는 사람이 있다면 한시라도 빨리 감정과의 전쟁을 선포하라고 말하고 싶네요. 아, 그리고 죽지 말라고요.

"생존자의 답변다운 말이었습니다. 감사합니다. 마지막으로 전쟁을 끝마친 지금 살아계신 당신께 질문합니다. 전쟁이란 무엇이라고 생각하실까요?"

다소 집요한 질문이네요. 승패와는 상관없이, 반드시 행해질 본능 중에 하나라고 생각합니다. 저처럼 삶이 전쟁이라는 걸 눈치채신 분들에게는 더욱이 절실해요.

그저 치고받는 단순한 싸움이 아니라 인생에서 나의 살길을 넓혀가는 점령전입니다. 저는 언제부터 전쟁을 시작했는지도 모르고 제 땅을 잃어왔습니다. 문득 전장에 투입된 자신을 알게 되었을 때 이기고 싶지도 않았고 지고 싶지도 않았어요. 그저 삶에 필요한 과업처럼 느껴졌습니다. 저는 지금 살아있지만 승리를 만끽하지도 패배를 분하게 여기지도 않은 전쟁을 겪었습니다. 너무 많은 감정이 죽었고 정말 다양한 추악함을 보았어요. 그럼에도 붙어있는 숨을 제가 끊지 않는 까닭은 더 싸울 힘이 남아있기 때문입니다. 감정이 아니라 앞으로 다른 것들과 겨뤄도 누군가 지킬 수 있는 전적을 가졌기 때문이에요. 다시 한번 말하지만 저는 지금 무척 곤혹스럽지만 이 질문에 답할 수 있을 여력이 있는 것은 현재의 당혹감이 아주 간단한 적이기 때문입니다. 자신과의 대립에서 우승열패를 뉘우치면 그래두 살 만한 세상이라는 사실을 반드시 깨닫기를 바랍니다. 더 이상 질문은 받지 않겠습니다. 이야기를 지속하다 보니 다시 슬퍼지네요. 결국 새로운 눈물과 또 밤새 공방전을 펼쳐야 할 것 같아요. 어서 끝내지요. 지금까지 전쟁을 지속하는 생존자의 증언이었습니다.

트라우마를 안고

 충격적인 사건을 경험하는 것보다 말도 안 되는 감정을 느끼는 게 쉬운 삶이었다. 총을 든 현실이 아니라 분노를 느끼고 움켜쥔 주먹이 더 무거웠다. 끔찍한 장면 대신 아름답게 눈물을 흘리는 모습이 순조롭게 전쟁터가 되었고 감정을 느끼는 순간 침착하게 행동한 대처는 가혹했다. 마치 처벌처럼 감정과 싸우면서 생긴 일희일비의 상처는 참을 수 없이 아리고 있었다. 울다가 웃으면 번복되는 내상 후 장애가 됐다. 감정이 변하면 바뀌는 스트레스의 질환이었다. 정신에서 발발한 세계의 대전이었다.

 슬픔을 다시 대적했을 때 쪼그리고 앉아 있던 자세가 괴로웠고 모욕감을 느낄 때는 조금 서 있는 채로 바닥을 보던 자신이 후회스러웠다. 세상이 참을 수 없이 미워서 분노에 차오르면 고개를 빳빳하게 세우고 삶에 대항했다. 걷잡을 수 없이 떠오르는 전쟁의 아픔이었다.

내 동작을 잊을 수 없었다. 나는 전쟁이 끝나고도 거듭 감정을 느낄 때면 이 행동을 지속했다. 앉고 일어서서 고개를 들고 저항하던 과거가 사라지지 않았다. 승패와 상관없이 최선을 다하는 스쿼트였다. 연속되는 기력의 소모였다.

　힘들다고 말해도 세상은 알지 못했다. 자세가 불편하다고 말하면 살았으니 됐다고 넘기려는 것 같았다. 전쟁을 겪으며 생긴 상처를 치유하고 싶었다. 초라해진 몰골로 살아가도 사람들은 내가 전쟁을 겪었거나 혹은 여전히 전쟁 중이라는 사실을 알지 못했다. 괴롭다고 말해도 손댄 적 없다고 발뺌했고 포기하고 싶다고 말하면 겉은 멀쩡한데 속은 이상하다는 투로 말했다. 내가 원하는 건 핵폭탄이 아니라 정신 분열이었다. 감정을 몰살하는 멍멍한 상태였다.

　한 번의 전쟁은 영원한 후유증을 남겼고 또 맞닥뜨리는 감정은 역사처럼 위대했다. 우리는 매번 갱신되는 삶을 살고 있다. 새롭게 태어나지 못해도 감정과의 전투 방식을 골몰한다. 늘 나를 대하는 자세를 연마하기 위해 노력한다. 후유증을 이겨내기 위해 다시 맞붙은 날에는 그저 힘껏 안아주고 싶다. 네가 이겼다고.

지금은 내가 지는 싸움을 한다. 그냥 안아보고 싶어서. 혼자가 아니라는 것만으로 다 좋아서. 감정이라도 느낄 수 있다는 게 다행인 삶이었다.

희생정신

꽤 오랜 시간 감정과의 갈등을 통해 얼마나 무고한 희생이 따랐는지 모르고 있었다. 과한 몸부림에 주변을 살필 겨를도 없이 희생은 계속됐다. 그저 더 나은 삶을 위한다는 일념으로 무고한 것들이 곁에서 사라졌다. 슬퍼도 그만이고 이제는 기뻐도 그만. 승패와 상관 없어졌을 때 비로소 위로하지 못하고 떠나간 것들을 생각했다. 너무 늦게 안타까운 마음과 대면할 수 있었다.

나를 위해 희생한 것들을 떠올렸다. 울고 있을 때 공감에 자극을 당해 함께 슬퍼져 나보다 먼저 파멸을 맞이한 사람. 내 화를 억누르기 위해 대신 총대를 메다가 먼저 뻗은 사람. 경황이 없을 때 내 일을 대신하다가 과로로 일찍 이성을 잃은 사람. 나를 위하다가 그렇게 희생한 걸 모르고 살았다.

한 우물만 파자는 마음이었다. 외로우면 사랑에 집요해지고 우울하면 재미 좀 보여줄 수 있는 것들만 찾고 언젠가 지치게 되면 숨이 찬 것도 잊게 해주는 사람만 보고 싶었다. 다 필요 없다는 말은 있을 것만 있어주면 괜찮다는 뜻이었다. 그러니까 너만 떠나지 않으면 다 죽어도 내 알 바가 아닌 거라고.

내가 판 우물에서 사랑을 건지고 행복을 퍼 올리다가 그 무게를 이기지 못하고 떨어지면 나를 붙들고 있어준 사람들마저 같이 빠지게 됐다. 그럼 나는 아무런 죄책감도 없이 그들을 밟고 다시 올라오고 있었다. 그렇게 버틴 싸움이었다. 누군가의 희생으로 다시 싸우고 또 바쳐야만 이어지는 삶이었다.

진흙을 뒤집어쓴 사랑과 행복을 건지면 이미 누군가의 희생양이었던 사람들이 태반이었다. 모두 한 번의 희생정신을 가진 사람이었다.

진흙을 닦아주고 싶었다. 누군가의 대신이 됐던 사람을 사랑하고 싶었다. 무언가를 바친다는 걸 그때 알았다. 그대를 위해 희생을 각오하고 싶어졌다. 그런 사람을 붙들기 시작했다.

너무 많은 전쟁이 진행되고 있는 이 세상에, 누가 희생을 당했는지 알 수 없는 순간에도 우리는 여전히 많은 걸 내놓고 있었다. 앞으로, 나는 이왕이면 너를 위해 목숨을 바치고 싶다. 너를 위해 등을 밟힐 준비가 됐다.

나를 누르고 누군가 세상에 다시 올라갈 때 아직 내가 살아있으면 좋겠다. 버티고 올라가는 날 다시 들어가는 건 일도 아니니까. 희생은 그럴 때만 가능한 거니까. 죽을 만큼 사랑했다. 살아도 너를 위해 희생한다.

숙청되는 말

 정신이 바로잡힐 때가 있었다. 무엇을 위해 살고 있냐는 말. 누구 좋으라고 살고 있냐는 말. 나를 사랑한다는 말. 너는 어떠냐는 말. 어떤 걸 좋아하냐는 말. 그럼 나도 좋다는 말. 그런 말들은 내 삶에 기강이라도 잡겠다고 덤비는 것처럼 무서웠다. 나를 대충 얼버무릴 수 없게 만들었다. 경청하다 보면 정신을 번쩍 차리게 됐다. 나는 답을 잃고 어정쩡하게 숙청되고 있었다. 실은 감정을 왜 느끼고 있는지 알고 싶지 않았다. 그걸 안다고 해서 현실이 바뀌지는 않았으니까. 나를 현실로 내모는 말들이 싫었다. 차라리 승패를 물어보면 제대로 된 답을 할 수 있을 것 같았다. 상관없다고. 지는 싸움은 언제나 얼빠져 있을 수 있었다.

 내가 뭘 위해 사는지. 너를 왜 사랑했는지. 기분이 어떤지. 자세히 알지 못할 때가 편한 순간이었다. 정신을 차리면 뭔가를 알게 될 것만 같았다.

내가 왜 사는지 깨달으면 왜 죽어도 될지 눈치챌 수도 있는 게 두려운 세상이었다. 너를 사랑했던 까닭을 알면 왜 싫어할 수밖에 없었는지 알 수도 있는 거니까. 왜 기분이 좋은지 확실하게 느끼면 그것만 좇다가 망할 수도 있으니까. 세상살이가 삐뚤어져야 정말 의젓할 수 있는 거라고 생각했다. 어지럽게 살아야 피할 때를 알고 쓰러지며 몸이라도 숨길 수 있었다.

강제로 나를 숙청하는 사람들은 내게 의미를 알려줬다. 이 전쟁에 대한 진정한 의미. 나라는 존재의 의미. 그만 쓰러지라고. 제발 정신 좀 차리라고.

기분이 어떠냐는 물음에 나는 또 숙청되면서 깨달았다. 너랑 있어서 좋고, 이대로가 좋고. 살아있어서 좋다고. 그런 내가 좋을 뿐이라고. 실은 이 전쟁을 즐기고 있었다. 똑바로 답했다. 참 좋은 날이라고.

울기는 왜 울어

 누군가 나로 인해 눈물을 흘리고 있었다. 울기는 왜 우냐고 말하면서도 실은 더 울어주기를 바랐다. 결코 말리고 싶지 않았다. 마치 내가 흘릴 수 없는 울음을 대신하는 것 같았다. 나는 더 구슬픈 감정을 이끌었다. 애처로운 효과음을 틀고 토닥였다. 나를 위해 울어주는 사람의 감성을 자극하고 싶었다. 그때 더 울어주면 난생처음으로 세상에 분하지 않을 수 있었다. 이런 사람이 내 옆에 있어주면 승패와 상관없이 감정을 억누르고 살 수 있을 것 같았다.

 내가 불쌍해서 울고 내가 싫어서 울거나 내게 분노해서 울면 나는 어쩔 줄을 모르지 않고 외려 행복해졌다. 나만의 감정인 줄 알았는데 너도 느끼고 있었다는 걸 눈치채는 유일한 순간이었다.

이상형이 뭐냐는 물음에 당장 울어달라고 말했다. 나 지금 너무 초라하잖아. 나 너무 못났잖아. 세상이 너무 가혹하잖아. 마치 정상이 아닌 것 같잖아. 원통하잖아. 그럼에도 너는 내가 괜찮냐고. 확인차 울어줄 수 있겠냐고.

내 주변에 우는 사람이 적어지면 감정과의 싸움에 승패를 신경 쓰기 시작했다. 외로움은 더 커졌다. 정말 나를 이해할 수 있는 사람이 없는 것 같았다. 더 나아가 아무나 울어주면 좋을 거라고 생각했다.

나와 전혀 상관없는 사람이라도 울먹이고 있으면 곁을 떠날 수 없었다. 혹시 뭐 때문에 슬펐는지. 이유를 들어야만 발길을 옮길 수 있었다. 나는 이 시대에도 항상 손수건을 준비하고 다녔다. 혹시 나 때문일까 싶어서. 그런 사람을 찾을 수 있을까 봐서.

나를 위해 슬퍼할 수 있는 사람을 찾다가 어쩐지 나만 보면 웃는 사람을 만났다. 웃기는 뭐가 웃기냐고 물으면 나와 함께 있는 순간이 기쁘다고 말했다. 네 웃음에 나도 웃을 수 있다는 걸 경험했다. 기쁜 감정을 함께할 수 있다는 걸 깨달았다.

누군가와 울고 웃을 수 있다는 건 그 사람을 존중해야 가능했다. 네 덕분에 내 세상도 재밌어졌다.

우리가 함께 울고 웃었던 날 내가 마지막으로 본 건 너의 울음이지만 어딘가에서 홀로 해맑게 웃고 있기를 바란다. 나도 너를 영원히 존중한다. 어디서나 대접받는 삶에 우리가 있다.

동심 파괴

 순정을 지키고 싶었다. 매 순간 어린아이로 살 수 없지만 꾸밈없는 상태로 지녔던 여린 마음을 잊고 싶지 않았다. 사랑을 느낄 때 오두방정을 떨 수밖에 없었던 날과 겁이 나면 어디든 동정을 얻기 위해 수작을 부리던 모습조차 스스로 끝까지 깨끗하게 여길 수 있기를 바랐다. 그러나 삶은 호락호락하지 않았다. 갈수록 확신이 파괴되고 있었다. 내가 물던 젖병에 다른 물질이 희석되고 결국은 다른 병을 들게 되는 삶이었다.

 특별한 행사가 주최되는 날이면 젖병을 무는 모습을 상상했다. 돌잔치에서 잡았던 것을 직업으로 삼고 싶었고 은퇴하는 날 내가 먹을 분유를 직접 타고 싶었다. 점차 사고방식에 위협을 느끼고 스스로 젖병을 놓기 전까지는 말이다.

 사랑할 때 단 한 번의 이별을 경험하고 다시는 울지 않게 됐다.

히어로물을 보고 악몽을 꾼 날 엄마를 찾지 않았고 내 잘못이 아닌데도 불구하고 사과했던 날을 잊지 못해서 영영 속죄하는 마음으로 살았다. 내 동심을 파괴한 것들로 자꾸만 변화한 순간이었다.

동심을 지키고 언제나 결백할 수 있는 사람이 되기를 바랐다. 되레 매번 나를 변화시키고 순결을 없애기 위해 존재하는 것들과 단절하고 싶었다. 나를 물들이려는 것들에 최선을 다하는 반항아처럼.

이런 걸로 왜 울어. 어떻게 아직도 못 잊어. 그만할 줄도 알아야지. 도대체 뭐가 그렇게 힘드냐는 어리광을 부려도 제법 성숙한 사람들 앞에서 언제나 초심을 지키고 있었다. 힘들다고 슬프고 외롭다고 말하면서 그렇게 동심을 간직했다.

사라져야 좋은 마음이라는 건 믿지 않았다. 어른스럽다는 건 나를 다 잃어야 될 수 있는 것 같았다. 투정을 부려도 받아주고 삶에 대한 조언을 최대한 아끼는 이기적인 사람들을 좋아했다. 그래야만 힘을 아끼면서 나를 지킬 수 있었으니까.

생떼를 써도 나를 달래주는 사람과 동심을 지키며 횡단보도를 건넜다. 다시 나를 지키기 위해 손을 들었을 때 내 손을 잡으며 동심을 파괴한 사람이 있었다.

너는 키가 크니까 굳이 손을 들지 않고 그냥 건너도 된다는 걸 알려준 사람이었다. 그때 함께 손을 잡고 어디든 잘 따를 수 있을 것 같았다. 동심을 잃고 사랑을 찾은 순간이었다.

우리가 파괴한 마음이었다.

나 하나 잃고 우리가 된 날이었다.

나를 모방해줄래

 가끔 누군가의 흉내를 낸다. 특히 내 모습에 싫증을 느낄 때 특정 인물을 가리지 않고 똑같이 시늉한다. 그리고 혼자 깔깔대며 웃기까지 한다. 그럼 얼마나 흡사한지는 상관없이 내가 그 사람이 된 것 같은 느낌에 사로잡힌다. 마치 순식간에 다른 삶을 살 수 있을 것처럼. 친구들과 함께 있을 때도 모방은 멈추지 않았다. 내가 계속 싫었던 순간이 있었다.

 실수로 유명인 흉내를 내고 있었다. 그때 한 사람이 추궁했다. 꼭 내 모습을 간파한 것처럼. 본인이 아는 사람과 똑같다고 말했다. 그럴 때 내가 더 싫어졌다. 내 삶을 저버리고 더 나은 감정을 갈망했다는 사실을 들킨 것 같았다. 나는 발뺌했다. 그런 사람도 있냐고. 본받은 건 아니라고. 나는 아무것도 모른다고. 먼저 가겠다고.

누구의 모습을 보여줘야 할지 몰라서 자리를 뜨고 집으로 돌아가며 어떤 사람의 흉내도 내지 않는 삶을 살겠다고 결심했다. 내 인생부터 똑바로 살아보자고. 더는 피하지 않고 떠안겠다고. 내가 좋아질 때까지 잘 살아보겠다는 것처럼. 정말 좋아질 수 있을 거라는 희망을 품은 채 말이다.

오직 나로서 삶을 버티면서 누구도 모방하지 않던 내 모습에 사랑을 준 사람을 만난 적이 있다. 그녀와 가끔 둘이 마주 앉아 서로의 흉내를 내며 나를 직접적으로 관찰할 수 있던 순간이었다. 그런 내 모습까지 괜찮게 보였다. 쌍방의 사랑을 목격한 날 내가 좋아졌다.

그러나 더는 내 모습을 관찰할 수 없어진 순간이 오고 내 모습으로만 사는 게 지겨워서 다시 누구든지 흉내를 내고 싶다는 생각을 할 때가 오기 마련이었다. 그렇게 다른 사람으로 살아야만 내 모습도 그 사람의 모습도 잊을 수 있을 거라고 여겼다. 이별은 너도 잃고 나도 잃는 거니까. 다 사라지는 거니까.

사랑했던 나를 잃은 뒤 친구를 만났다. 일부러 누구나 알 법도 한 사람을 모방하겠다고 다짐한 뒤 대면했을 때였다. 슬슬 성대모사라도 시작해야겠다고 여기던 찰나 친구가 먼저 모방하기 시작했다. 잘 보라고 그때 너의 모습이라고. 똑같지 않냐고. 지난날의 나를 시늉하기 시작했다. 정말 나를 본뜬 것 같았다. 그를 보고 잠깐이지만 내 모습을 다시 마주할 수 있었다.

이미 떠나간 과거의 나를 거듭 만난 것 같았다. 친구는 사랑했던 나를 모방했고 행복했던 나를 따라 그 시절을 재현했다. 그때 우리가 있었고 나로서 삶을 이어가던 내가 있었다. 물론 보고 싶은 나의 모습만 흉내를 내는 건 아니지만 나를 모방하는 친구가 고마웠다. 잊고 있던 과거가 떠올랐다.

최대한 많은 사람이 나를 모방하면 좋겠다. 자꾸 잊어가는 삶에 또 매번 다른 나를 보고 온전한 추억을 느끼고 싶다. 그럼 정말 나를 사랑하게 될 것 같다.

그때 너는 참 행복했다 그치. 그래. 우리 참 좋았다 정말.

습격

생에 난데없이 들어차는 것들이 있었다. 뭐가 됐든 갑작스럽게 사랑하는 마음. 느닷없이 괴로운 감정. 눈치도 없이 변하는 생각. 뜬금없이 겪어야 하는 고민. 그리고 이런 것들을 나는 습격이라 말한다.

또 습격을 당한 밤이었다. 나는 이미 몇 번을 방어한 뒤였다. 한참 소란스럽지 않았던 날을 보내고 있었기 때문에 조심스러운 태도를 갖추는 것도 지겨울 때를 틈타 모습을 드러낸 감정이었다. 내게는 늘 중복되는 상대였다. 언제나 위협적인 그리움이었다. 시간 관계상 적절하지 않은 나를 고려하지도 않는 공격이었다. 한참을 맞서고 버틴 끝에 일상이 이 싸움을 멈췄다.

떼를 지어 다니는 사람의 특성으로 인해 나는 또 사람들을 만났다. 그리고 그들과 본인이 겪은 습격에 대해 주고받는 담화는 시작된다.

너는 누구의 공격이었니. 어떻게 견딜 수 있었니. 그래도 지지는 않았으니 다행이구나.

그럼에도 질 걸 그랬나 싶을 때가 있었다. 또 습격이 온다는 불확실 속에 살 바엔 차라리 나를 내주고 싶었다.

너는 꽤 긴 싸움이 되겠구나. 너는 금방 끝나겠구나. 나는 그 끝이 보이지 않았다. 더는 버틸 여력도 없었다. 그래서 내 습격에 대해 이야기를 나눌 수 있는 날도 오늘이 마지막이라고 여겼다. 그렇게 사라진 사람이 벌써 수두룩했으니까. 나도 그 수를 더할 뿐이라고 생각했다.

곧 끝장을 볼 거라고 말했다. 겨우 패배를 허락하는 것처럼. 그때 슬며시 이 긴 담화를 끝내는 사람의 말이 들렸다. 나를 살게 하는 음성이었다.

너는 벌써 내가 너를 습격했던 날을 잊었니. 내 공격으로 네가 도망칠 수 있던 순간이었잖아. 그래서 살아남았잖아. 서로에게 드러낸 날을 잊으면 안 돼. 습격은 나를 망치기 위한 것만은 아니야. 자각해. 도망은 절름발이만 하는 게 아니라고.

긴밀했던 사람의 공격이었다. 매번 나타난 건 소중한 기억이었다. 나는 그 공격을 다시 받으면 좋겠어. 또 내 앞에 나타나길 바라고 있어. 다시 살고 싶은 마음을 얻고 싶어.

이번엔 내가 너를 칠 차례. 나도 누군가를 살릴 수 있도록. 나를 살린 것처럼 습격하는 전쟁을 바란다.

오늘 밤이었다. 너도 살고 나도 살기 위한 습격을 당한다.

누가 누굴 가르쳐

 삶은 배움의 연속이라고 했다. 아는 것도 없이 태어나 그나마 알고 가자는 마음으로 살아가는 게 인간의 도리라고 여겨지는 세상이었다. 나는 그런 곳에서 알아야 할 것들은 이미 다 깨우쳤다는 마음이었다. 가족의 이름을 알고 사랑하는 사람의 얼굴을 알고 내 생김새를 아는 것만으로 익힐 건 더 없다고 생각했다. 가끔 내 집을 몰라서 엉뚱한 곳으로 가긴 했지만 구태여 알려고 하지 않았다. 알지 못해 다행인 것들이 깨달아서 좋은 것보다 낫다고 여겨졌다. 그렇게 내가 아는 것을 위주로 행복을 충족시키고 살 때면 나를 가르치려 드는 사람들이 있었다. 넌 더 배워야 해. 아직 너무 어리숙해. 더 넓은 세상에 살아야지. 그러나 나는 그런 사람들에게 배우기 싫다고 누가 누굴 가르치냐는 생각만 할 뿐이었다. 좁은 곳에서 만족하는 나에게는 덧없이 불필요한 가르침이었다.

무식하면 힘든 삶을 살 거라는 말에 알겠다고 대답했다. 이상한 사람들이 나를 몰상식한 사람으로 보는 건 싫어서 대충 가르침을 받겠다는 정도의 태도를 취하며 가족의 이름만 달달 외며 시간을 보냈다. 딱히 기억나는 건 아무것도 없었다. 엄마의 이름을 부르고 아버지의 존함으로 살 수 있는 날들이었다. 오늘은 뭘 배웠냐고 물어보면 엄마 아빠 사랑한다는 말로 총명한 척을 했다. 분명 나는 아는 것도 없이 잘나고 있었다. 멍청하게 사랑만 했던 순간이었다.

 내가 유일하게 더 배우고 싶었던 건 사랑이었다. 아는 것도 없이 사랑하는 것 말고 조금 더 영리한 방식의 사랑을 바랐다. 보통 내가 어리석을 때 이별했으니까. 조금만 더 깨달은 뒤에 사랑한다면 결과는 달라질 수 있을 것 같았다. 내가 있는 곳이 아무리 비좁아도 누군가와 붙어 살고 싶은 마음이었다.

 언젠가 다른 사람의 이름을 반복적으로 숙달하고 있었다. 더 알아보고 싶은 사람이었다. 그런 사람과 멍청하게 사랑을 했다. 너만 알면 다 되는 날들이었다. 나를 너무 모르고 한 사랑이기도 했다.

또 맹하게 이별하고 늘 그랬듯 꺼벙하게 너를 잡는 방법도 몰라서 놓친 순간이었다. 어딘가 모자란 내가 너무 싫어지고 있었다.

누가 누굴 가르치냐고 했던 내 세상에 네가 나를 가르치고 있었다. 너를 사랑하는 나의 모습. 너를 보는 내 생김새. 우리가 만난 날들. 당신의 집에서 내 집으로 가는 길. 제법 영특했던 데이트 코스.

점점 빠삭해지는 나였다. 더 알고 싶은 세상이었다.

앞으로 정말 많이 배우고 싶다. 부디 나를 가르쳐주길 바라는 마음으로. 통달해서 너를 놓치는 일이 없도록. 무식하게 사랑해도 멍청해 보이지는 않기를 바라며.

소수의 사랑

 비정상의 소굴에서 사는 것 같았다. 내가 옳다고 여기는 일이 다수에게 용납되지 않는 삶이었다. 그럼에도 내 방식을 이해하지 못하는 사람들을 따를 수밖에 없었다. 고집하고 싶었지만 홀로 서는 게 두려웠다. 정말 좋은 사람 하나만 옆에 두면 살 만한 인생이라는 말을 믿어도 괜스레 더 많았으면 하는 마음이었다. 나와 너를 두고 너희를 택하고 너희를 떼놓고 모두에게 떠났다. 그저 큰물에서 놀고 싶었다. 욕을 먹어도 함께라면 웃어넘길 수 있는 것처럼. 동반으로 떠나는 여행이 피곤하지 않은 것처럼. 나는 더 행복하고 싶을 뿐이었다. 그게 내 의지와는 상관없는 허구라도 말이다.

 내 뜻을 함께하지 않는 사람들과 잡담을 벌이며 희희낙락거렸다. 뭐가 웃긴 건지 알 수 없어도 과반수에 참여한 삶이었기에 최선을 다해 거짓으로 웃어넘겼다.

진정성을 갈망했지만 가식을 떨었고 침울해도 유쾌한 척을 했고 죽을 것 같았지만 살아보고 있었다. 다들 그렇게 붙어먹었으니까. 나도 일반적인 곳이 어딘지 모르고 있었다.

소수가 그리웠다. 진정성을 느낄 때 농담 따먹는 사람이 아니라 물물교환처럼 위로와 울음을 정당하게 주고받을 수 있는 사람을 만나고 싶었다. 나와 제대로 통하는 단 한 사람이 절실했다.

언젠가 과반수에 맞선 순간을 떠올렸다. 친구들이 불러도 너만 보고 다수의 욕지거리에도 나의 믿음으로 맞받아쳤던 날. 헤어지라는 말과 떠나라는 말에도 네가 정상으로 보였을 때. 세상에 오직 둘만 존재하는 것 같았다. 다른 사람은 신경도 쓰지 않았고 마치 없는 취급하는 정상적인 삶이었다. 그렇게 소수의 평안이 내가 있을 곳인 것처럼 여겨졌다.

내 곁에서, 그나마 가까웠던 너와 죽는 게 너무 무서운데 너는 어떠냐는 말을 주고받으며 살자는 찬성을 받아내고 있을 때 과반수로 그냥 죽자고 하면 어떻게 대처해야 할지 몰랐다.

그때 처음이자 마지막으로 소수가 두려웠다.

내 결정이 과반수의 효과를 가져오는 둘만의 상황에서 더 나은 일만 선택하고 싶었다. 내 태도가 위협적이라고 판단했을 때 더는 소수끼리 살 수 없었다.

다시는 내 선택에 후회하지 않을 수 있을 때. 정상이 뭔지 깨달았을 때 너를 만나러 가고 싶다. 과반수의 힘으로 행복을 주고 싶다.

나만 믿으라고 너만 믿는다고. 어차피 나도 너라고.

진로 해방

 어릴 적 커서 뭐가 될 거냐는 물음에 속으로 딱히 뭐가 되고 싶지 않다고 생각했다. 반드시 어떤 일을 해야만 하는 게 세상이라면 아무것도 하지 않는 것도 삶을 살아가는 또 다른 방식이라 여겼다. 그러나 가만있겠다는 말도 하지 못하고 눈치를 보며 자신 있게 한 마디를 뱉었다. 경비 할아버지가 되고 싶다고. 홀로 아파트 단지를 나갈 때면 집도 아니고 요양원도 아닌 곳에서 경비복을 빼입은 할아버지가 우두커니 서 계셨다. 하릴없이 태평해 보이는 그 모습을 본받고 싶었다. 바로 내가 되고 싶은 이상적인 모습이었다. 마치 뭐가 되고 싶지 않았던 내 미래의 삶을 본뜬 것 같았다.

 이후로 나는 할아버지에게 말을 붙였다. 어떻게 하면 경비원이 될 수 있는지. 할아버지처럼 안정된 진로를 찾기 위해 어떻게 해야 하는지 조언을 구하기 위함이었다. 나는 할아버지의 과거를 듣고 경비원의 꿈에 확신을 갖게 됐다.

학교가 끝나거나 부모님의 심부름을 다니는 길이면 나는 항상 경비실에 들어가 할아버지와 노닥거리는 시간을 가졌다. 어린아이가 호기롭게 옆에 앉아 궁금한 걸 물어보고, 꽤나 말똥말똥한 얼굴로 진심을 표현하는 걸 할아버지도 싫어하는 것 같지는 않았다. 외려 가끔은 본인이 더 신난 것처럼 느껴지기도 했다.

할아버지와 밤낮없이 대화를 주고받으며 새롭게 알게 된 사실이 있었다. 그것은 바로 그가 참전용사라는 사실이었다. 나는 그때 전쟁에 대해 명확히 깨닫게 되었고 경비원이 되고 싶다는 진심이 통했는지는 모르지만 할아버지는 경비원의 삶과 본인이 겪은 전쟁에 대해 빗대어 설명하기 시작했다.

"얘야, 어쩌면 나도 너처럼 항상 뭔가 되고 싶다고 생각하는 아이는 아니었던 것 같구나. 그저 삶에 주어진 시간에 최대한 영향을 덜 받으며 살고 싶었단다. 꿈은 없었고 할 줄 아는 것은 멋있는 태를 갖추기 위해 골몰하는 정도가 다였어. 그리고 멋들어지게 살지도 못하고 있을 때 전쟁을 겪었다.

함께 싸웠던 모든 이들이 순식간에 불쌍해졌단다. 배고프고 슬프고 우라질 적들을 보면 화가 치솟았지. 그럼에도 내가 할 줄 아는 게 없더구나. 총을 들고 조준만 하다가 종전을 맞이했어. 먼저 죽은 전우들을 위로할 겨를도 없었어. 단지 내가 너무 가여울 따름이었단다. 그렇게 과거의 전쟁을 치르고 깨달은 것은 전쟁이 시작하기 전과 끝난 후로도 삶은 언제나 전투적이었다는 현실이다. 이 할아비가 지금 좋아 보이느냐? 예끼, 이 녀석아. 전혀 그렇지 않구나. 나는 여전히 전쟁을 겪는 것 같단다. 동네 보초를 서고 있을 때면 내가 주민을 지키려는 건지 이 홀몸을 지키려는 건지 알 수 없는 착각에 빠진다. 경비실에 홀로 들어가 컵라면으로 끼니를 때울 때 뜨거운 물을 부은 뒤 면이 익기를 바라는 3분에도 나는 으스대고 있단다. 이 기다림이 나쁘지 않지만 빨리 먹고 싶은 마음과 또 전쟁하는 것 같았다. 운이 좋아 안전하게 식사를 마치면 배가 부르거나 혹 더 출출해져서 그걸 또 참아야 했고 소화가 되는 순간을 버티면 어디에 배변을 봐야 할지 고민하고 이 전략이 스스로 부끄러워지면 그냥 견뎠단다. 감정이 전쟁처럼 피를 보게 할 수도 있다는 걸 나는 알았다. 그러니까 이 할비 말을 잘 듣거라. 너는 되도록 꿈을 찾아라. 그 길을 따라가다 보면 영원한 해방이 너를 기다리고 있을 테야.

공부를 하거나 책을 보라는 게 아니다. 네 인생에 작전을 세워 보라는 것이 이 할아비의 바람이다. 나는 아마 죽기 전까지 전쟁을 할 것 같구나. 그래도 경비를 하다가 너를 만난 건 내 삶에 있어 길이 남을 기억이구나. 이제 늦었으니 가족에게 돌아가거라. 나는 나를 더 지켜야겠다. 다음에 또 이야기하자꾸나.

나는 할아버지의 말을 완벽히 이해할 수 있었다. 오직 나를 지키기 위해 동네에 존재했던 사람처럼 느껴졌다. 이후에는 이사를 가는 바람에 더는 할아버지와 전쟁에 대한 대화를 나눌 수 없었지만 그가 해준 이야기는 내 삶을 크게 바꿔놓았다. 학교에서 나눠주는 진로 희망 사항을 적는 용지에 '아직 꿈은 없음. 그래도 해방은 바람.'이라고 적었다.

여전히 나는 가끔씩 경비원이 되고 싶다는 생각을 한다. 그럴 때 정신을 차리고 할아버지를 떠올린다.

개인이 해방되는 그날을 원한다. 할아버지가 종국에 다다르기 전에 꿈을 찾았기를 바란다. 내 꿈은 어쩌면 제대로 싸워봐야 알 수 있을 것 같다.

하나 빼기*

꼭 내게 유리한 행동이 정해져 있는 것 같았다. 어떤 일이 일어나거나 감정을 느낄 때 무조건 더 나은 방법이 확실히 정해져 있었다. 세상이 묵이면 무조건 보를 내는 것처럼 나는 위기에 처하면 언제나 화를 냈고 분위기에 따라 더 나은 모습만 보여주며 살았다. 감정을 대할 때도 최대한 내가 유리한 것들로 바꿔 느끼려고 했다. 슬프면 웃고 억울하면 쓴웃음이라도 짓고 쓸쓸하면 미치자고. 그렇게 내가 하고 싶은 대로, 유리한 대로 살아가는 가위이자 바위이자 보였다. 착하거나 나빴고 악마 또는 천사였다.

그로 인해 나를 잃어버렸다. 날개가 달렸는데 뿔도 있는 것 같았다. 때로는 정말 온순한 건지 악독한 건지 천사인 척을 하는 악마인 건지 내가 나를 증명할 수 없어서 세상이 하는 말을 믿고 살았다. 나를 나쁘다고 말하면 그런 사람에게 자꾸만 유리한 패를 던졌고 좋은 사람이라고 하면 일부러 지기 시작했다.

---

* 두 손으로 가위바위보를 먼저 한 다음,
  한 손을 빼고 남은 한 손으로 승패를 정하는 방법.

나는 하나 빼고 하나로만 살 수 있기를 바랐다. 결코 변하지 않는 본모습으로 말이다.

언제나 지고 있었지만 이기고 싶을 때가 있었고 이기려고 했지만 지는 순간이 있었다. 실수라고 하기에는 어설프게 나를 몰라서 벌어진 일인 것 같았다. 항상 좋은 모습만 보여주던 사람에게 나쁜 모습을 보였고 행복해야 하는 순간 눈물을 보이고 있었다. 현재에 사는 내가 미래를 빼고 과거를 내며 그리움에 사무쳤다. 어느새 나쁜 것만 빼다가 주변 사람과 인간의 도리까지 모조리 빼앗긴 것 같았다. 하나도 내세울 게 없었다.

이길 수 없어서 지켜보고 낼 게 없어서 싸우지 못했다. 승부가 이뤄질 수 없는 나로 인해 있는 그대로 감정을 느끼고 그 자체로 보이고 있었디. 슬픔과 괴로운 날에 대책을 강구하지 못하게 되었다. 인생이라는 놀이에 끼지도 못하고 사람을 사귈 수 있는 용기마저 잃어버린 것 같았다.

그때 변함없이 내게 져주는 사람을 만난 적이 있었다. 상대에게서 뭐가 나올지 확인하고 일부러 지는 패를 내는 사람이었다.

그렇게 대신 참패를 맛보는 사람으로 인해 우리가 어떤 모습과 감정으로 살아가든 그건 전혀 중요하지 않다는 걸 깨달았다. 결국은 뭘 쥐고 있느냐에 달린 것이었다. 총도 장전이 가장 중요한 것처럼, 지금의 기분에 하루가 달린 것처럼.

일부러 묵을 두 개나 내는 사람과 굳이 착하기만 한 사람이 있었다. 항상 울기만 하는 사람에게 매번 필요한 건 그런 사람이었다. 나를 이길 수 있는 유일한 패. 그걸 낼 수 있는 사람.

나는 너무 많은 이별로 인해 사랑만 내는 사람을 원한다. 팔불출인 너만 원한다. 더는 아무것도 뺄 수 없다. 다 빼고 그것만 달라고 말하고 싶다.

그런 너와 재장전이 가능한 삶을 살고 싶다. 널 빼면 내가 아니도록. 날 빼면 너라도 남도록.

밀고 당기는 건 마치

 찢어진 관계와 완전하지 못한 감정이 있었다. 한 박자 쉴 때 당겨지거나 두 박자를 쉬고 밀어낼 때 원하지 않은 멀어짐과 가까움이 있었고 그럴 때 행복하면 어딘가 불안하거나 슬프지만 웃고 싶은 순간에 머물렀다. 누군가를 밀어내고 싶을 때 다가오면 싫으면서도 좋았다. 널 당기고 싶을 때 멀어지면 낙망에 빠져도 의기가 생겼다. 그렇게 밀고 당기는 건 마치 찢긴 감정의 쪼가리 같았다. 이해할 수 없고 어디에서 붙어먹다 온 놈인지 의심되는 마음이었다.

 외줄을 타는 것처럼 끊어지기 싫은 관계도 있었고 심하게 휘청거려도 만족을 주는 감정이 있었다. 타이밍에 맞춰 네가 밀어내면 나는 다가갔고 끌어당기면 서둘러 가까워지기 위해 최선을 다했다. 온전한 기쁨과 탄력이 생긴 사랑이었다.

한참 뒤에 쉽게 끊어질 걸 알았다면 팽팽하게 맞서거나 줄을 잡다가 확 놓기라도 해볼 걸 그랬다며 후회에 몸서리쳤다. 죽도록 사랑한다고 할 걸 후회하게 됐다. 나도 너는 싫다고 해볼 걸 미련을 갖게 됐다.

세상은 잡고만 있기에는 너무 쉬고 싶은 곳이었다. 언젠가는 힘을 다해 놓칠 걸 모르고 있었다. 따로 끊어져서 슬프고 떨어져서 괴로운 감정만 남아있었다.

더는 밀고 당길 여력이 남아있지 않았다. 감정은 잘린 것처럼 근원지가 불명확했고 어쩌다가 새로운 사람과 엮여 열심히 당기다가 조금이라도 밀어내려고 하면 스스로 관계를 자르고 도망쳤다. 무엇도 확신할 수 없는 세상에 끝까지 안전한 건 없다고 믿으며 살 수밖에 없었다.

순식간에 겁이 많아졌다. 위험하다고 판단이 되면 스스로 관계를 거부했다. 우리가 만나 힘을 들일 바엔 차라리 홀로 안전해지고 싶었다. 이별과 그리운 감정에 엮이면 혼란스럽기만 했다.

그러다가 계속 붙지 않으면 남는 건 허무라고 생각하면서도 사람이 외로움을 이길 수 없다는 말이 더 무서워서 다시 누군가와 결합했다. 그런 관계는 언제나 쉽게 끊어졌다. 내 줄이 느슨한 상태로 아무도 나를 안전하다고 여길 수 없었다.

그렇게 연줄에도 없는 사람을 자꾸 만났다. 너는 너무 위험할 것 같다며 다 떠나가는 와중에도 날 끌어줄 사람을 혹시나 하는 마음으로 기대했다.

줄도 없이 만나서 실랑이도 필요하지 않은 채로. 밀고 당기는 건 마치 구원과 비슷해서 혼자였다가 둘이 될 수 있다는 믿음처럼.

할 줄 아는 게 없어도 사랑은 믿을 줄 안다. 너무 멀어질 때 다시 당겨줄 걸 믿는다. 새로운 세상에 당겨주고 과거를 밀어주는 사랑. 밀고 당기는 건 마치 흔들리는 감정의 떨림 같아서.

생사를 확인하고 와

 아무것도 얻지 못하고 돌아온 순간이 많았다. 낙오자가 된 것 같았다. 그저 내 감정이 시키는 대로 최선을 다했음에도 모든 일이 실패한 순간이었다. 실은 내 감정도 나를 움직이게 할 때 다른 속셈이 있지 않았을까. 이미 낭패를 겪었는데 직접 나선 나를 책망하기 싫다는 까닭에 자학을 막기 위해 모든 과실을 실수로 위장한 날이었다. 내 잘못이 아니라며 거짓의 마음을 만들고 답답하면 네가 직접 나서라고 감정을 향해 큰소리쳤다.

 싫다면 어쩔래. 나는 별로 하고 싶지도 않았어. 네가 시키니까 하는 수 없이 한 거라고. 아, 몰라. 그냥 네가 해.

 몸이 절로 움직인다는 말은 애초에 믿지 않았다. 오직 내가 자유롭게 할 수 있는 건 감정이 필요하지 않은 일이었다.

울고 싶을 때 슬픈 일을 떠올리는 게 아니라 인공눈물을 넣는 것처럼. 가식적인 걸 할 때 유일하게 자유로웠다. 그러나 내가 편한 꼴을 보지 못하는 감정이었다. 느낌적인 느낌이 필요한 사랑이래서 최선을 다해 인연을 만들고자 노력한 순간이었다.

어릴 적 생에 처음으로 감정이 좋다는 사람이 생겼을 때 마음은 이미 내가 움직이는 걸 허락한 것 같았다. 같은 유치원에 다녔던 여자아이가 몹시 예뻐 보였다. 그녀의 옆에서 함께 장난감을 만지작대는 애송이들을 보며 반드시 내가 더 멋있는 장난감을 만들어 그녀의 옆자리를 차지하고 싶었다. 그래서 물불도 가리지 않고 감정의 뜻대로 따르게 됐다.

유치원이 끝나고 엄마의 손을 붙잡은 채 집으로 돌아갈 때 손으로 갖고 놀던 구슬을 일부러 시장이 있는 곳으로 던졌다. 나는 자연스러운 어투로 앗 내 구슬이라며 재빠르게 시장으로 들어섰다. 엄마는 행여 놓칠세라, 내 뒤를 바짝 붙어 따라올 때 나는 또 구슬을 던졌다. 멋진 장난감이 진열된 가게였다.

잽싸게 제일가는 장난감을 탐색하고 그중 여자아이들이 좋아할 법한 인형을 자연스레 바지 속에 감춰 넣은 뒤 신속히 빠져나왔다. 예상대로 뒤늦게 따라온 엄마에게 나는 행복한 웃음을 지으며 구슬을 찾았으니 돌아가자고 말했다. 결국 훔친 인형을 천사처럼 보였던 그 여자아이에게 건네줄 생각이었다. 물론 이렇게까지 해서 사랑을 쟁취하려는 것은 분명 감정의 수작이었겠지만 다행히 엄마도 눈치채지 못했기 때문에 다음날 유치원에 도착할 때까지 나의 절도질에 대한 죄책감은 느끼지 않을 수 있었다. 목표를 위해 수단과 방법을 가리지 않는 건 언제나 합법이라고 여겨지는 세상이니까. 이루고 보자는 주의니까.

나는 여자애의 주위에서 질척거리는 다수의 남아를 밀치고 전날 훔친 인형을 자랑스럽게 건넸다. 그때 놀라는 유치원 선생의 표정을 보아하니 연상인 여자의 마음마저 내가 훔친 것 같았다. 나는 분명 그 애도 필히 관심을 보이고 끝내 연인이 될 수 있을 거라고 여겼다. 그녀는 인형을 들고 있던 내 손이 무안해질 만큼 꽤 오랜 시간 뜸을 들이며 관찰하더니 끝내 고개를 돌렸다.

감정대로 최선을 다한 행동이 실패한 날이었다. 나는 이 분함을 참을 수 없어 비좁은 시장통에 돌아가 바닥에 구슬을 뿌리고 도망쳤다. 갖가지의 물건을 다 훔칠 수 있었지만 더는 그럴 까닭이 없을 없었다. 감정이 나를 엿먹인 것 같았다.

점점 감정이 싫어졌다. 나를 움직일 수밖에 없도록 만들어 놓고 결국 수모는 내가 겪게 했다. 더는 말을 듣고 싶지 않았다. 점차 감정의 말을 듣지 않게 됐다.

슬프니까 참아야지. 사랑하면 미워할 줄도 알아야지. 먹고 싶으면 참고 외로우면 즐겨야지.

아무런 감정도 느낄 수 없는 순간이 되자 감정의 생사를 확인한다. 나 지금 슬픈가. 나 지금 설레는 건가. 이게 행복한 건가.

죽은 것 같은 감정이 살았는지 죽었는지 확인하러 간다. 내가 너를 사랑하는 게 맞는지 삶이 고달픈 게 현실인지. 아주 가끔은 슬픈 음악이 필요하고 우울한 선생님들을 좋아한다. 죽은 감정도 되살아나게 하는 것들이었다.

때로는 네가 살아있어서 다행이었다.
삶도 우리의 화해를 좋아하는 것 같았다.
감정도 나도 다 살려주는 너를 만나고 싶다.
다시 구슬을 쥐고 싶다.

식별

 각별했던 사이가 한순간 남보다 못한 관계로 변할 때 결국 이렇게 될 거라는 사실을 미리 알고 싶었다. 아군인지 적군인지 확인하는 법을 일전에 깨달으면 아무리 서로를 이해할 수 없는 사람과 대면하더라도 아군이라는 믿음으로 나는 일부러 상냥하게 대할 수 있을 것 같았고 적이라는 사실을 분명하게 깨달은 상황에서 더는 엮이지 않을 거라고 확신했다. 그렇게 내 삶의 적과 아군을 명확히 알 수 있는 방법을 찾기 위해 부단히 노력했다. 식별하면 언제나 내빼고 들이밀 수 있는 평화로운 삶이었다

 한창 사람들과 어울려야 하는 순간 편을 가르는 법을 깨달았다. 내가 감정과의 전쟁을 치르고 있을 때 사람들이 나를 대하는 방식으로 좋고 나쁜지를 확실히 분별할 수 있는 유일한 방법이었다. 내가 울고 있을 때 위로하는 사람은 틀림없이 내 편이었고 필요하지도 않은 조언으로 혼란을 야기하는 사람은 필히 내가 대적할 상대였다.

나는 사랑을 주는 사람들의 손만 잡았고 가끔 나를 이해하지 못하면 그 손을 곧장 놓아버렸다. 그럴 때 인생이 수월하다고 여겼다. 나는 계속 좋아하거나 앞으로 싫어하기만 하면 됐다.

학창 시절 이렇게 분별하는 능력을 최대한 활용했었다. 나를 좋아하는 사람을 골라 결탁하듯이 친구가 됐고 한마음 한뜻으로 아군이 싫어하는 사람이면 이유도 없이 함께 미워하고 내가 싫어도 네가 좋다면 식별과 상관없이 동료가 됐다. 우리 편에서 한 사람이라도 전쟁이 힘겨워 보이면 힘이 되어주는 것처럼 공감했다. 그러나 도움을 주면서도 나 스스로가 아군인지 적군인지 모를 때가 많았다.

사리를 분별하지 못하는 우리끼리 편을 먹고 세상을 미워했을 때 나는 내가 가장 싫었다. 감식을 잘못해서 언제나 자신의 사정을 들어주지 못했다. 옳고 그름의 판단을 믿을 수 없었다.

결국 내란이 발생했다. 같은 편이었던 친구들이 내가 싫다고 말할 때 나는 아니라고 말했다. 니들도 잘못 보고 판단하는 거라고. 제발 현실을 직시하라고.

혼자가 되자 아무것도 볼 수 없었다. 호의를 무시하고 적의를 못 본 체했다. 그렇게 내가 판단하는 모든 걸 믿지 않게 됐다.

잘 보고 판단하라는 말을 들을 때면 나는 반문했다. 식별했기에 혼자가 됐다고. 그럴 때 너는 뭘 본 거냐고 진중하게 묻는 사람이 있었다.

"나는 좋은 사람이야 나쁜 사람이야?" 질문을 해오면 너는 예쁜 사람이라고 답했다. 그러면 그녀는 내 말을 믿지 않았다. 마치 예쁘지 않다고 말하는 친구들과 이미 편을 먹은 것처럼. 뭘 해도 믿지 않겠다고 말할 것 같았다.

거짓을 말하는 너는 나쁜 사람이라는 답이 돌아왔다. 그럼 에둘러 답할 수밖에 없었다. 그게 맞는 말인 것 같았다. 맞아. 나는 내가 좋은지 싫은지도 모르고 있었으니까.

그러자 네가 스스로 나쁘다는 걸 어떻게 아냐고 다시 묻는 말에 죄책감이 느껴졌다. 그 순간 감정은 명백하다는 걸 깨달았다.

나를 어느 정도 식별할 수 있는 능력이 생긴 것 같았다. 내 삶에 잘못 대항한 지난날이 떠올랐다. 슬프고 외로울 때 내가 본 게 맞다면 늘 혼자인 세상이었다. 잘 봤다면 네가 좋은 감정이었다. 넌 정말 예쁜 게 맞다고 답했다. 정말 사랑한다고. 정말 행복하다고. 사는 게 정말 좋다고.

감정 놀음판

 감정이 둔한 사람들과 만나면 쉽게 웃음이 나오지 않았다. 늘 공감이 필요했던 나는 상대의 감정을 읽어야 삶을 재밌게 여길 수 있었는데 도무지 어떤 상태인지 알아차릴 수 없는 사람과 함께할 때면 화가 난 게 아니냐는 말을 종종 들었다. 처음은 어색한 분위기를 풀기 위해서였지만 실은 도무지 이해할 수 없는 태도의 현실적인 사람과도 어울려 제법 잘 웃고 싶었기 때문에 만든 놀이였다.

 시작은 간단했다. 삼삼오오 둥글게 모여 앉은 자리에서 한쪽 팔목을 옆 사람 손에 잡혀주고 한 사람씩 돌아가며 현재의 본인이 가장 절실히 느끼고 있는 감정은 무엇인지 다음 차례의 사람이 맞히면 되는 것이었다. 물론 맞히지 못하면 벌칙이 존재했다. 문제를 제시한 사람의 올바른 감정을 말하지 못했을 때 출제자는 억울한 만큼 오답자의 잡은 살점을 꼬집으면 되는 놀이였다.

나는 이 놀이를 왜 만들었냐는 물음에 매번 같은 답을 했다. 쉽게 공감할 수 없게 만드는 무던한 사람들과 같은 형편에 놓이기 위함이라고. 우리가 함께 어울린다면 서로의 축이 되는 감정은 당연히 알아야 한다고 생각했기 때문이었다.

그렇게 놀이가 시작됐다. 이 놀음판을 만든 장본인부터 시작해서 우측으로 돌아갔다. 나는 언제나 외로웠는데 하필이면 나와 일면식도 없었던 사람이 문제의 해답자였다. 그는 한치의 고민도 없이 분노를 말했고 나는 용납할 수 없다는 까닭만으로 잡은 그의 팔목의 살점을 비틀었다. 그러자 그는 꽤나 고통스러운 표정을 지었는데 나는 그제야 웃음이 절로 나왔다. 그는 분명 분노를 느끼고 있었다. 마치 내게 유리한 상황이 온 것 같았다. 나는 앞으로 어떻게든 기분 좋게만 해주면 되는 것이었다. 그렇게 몇 번의 피부를 비틀었을 때 비교적 무뚝뚝한 사람들의 팔목이 빨갛게 부어올라 있었다. 이 놀음판에 유리했던 감성적인 사람들은 벌칙을 수행한 사람에게 교태를 부리기 시작했다. 시간이 흐르고 화가 다 풀린 것 같았을 때 나는 마침내 공평한 순간이 왔다고 생각했다.

이후로 나는 항상 놀자판을 추구했다.

어느 곳에서나 이 놀음판을 벌이면서 깨닫게 된 하나의 중요한 사실이 있었다. 그건 우리가 놀이라고 칭했던 일이 전쟁과 흡사했다는 것이었다. 사람의 팔을 꼬집을 때 억울하다는 이유에선지 공격을 감행했고 가만있다가 봉변을 맞은 사람은 분노를 느꼈다. 끝내 잘잘못도 모르고 금세 풀린 마음에 화해하고 어느새 놀이가 막을 내리면 종전과도 비슷한 쾌락을 맛봤다. 삶은 마치 놀음판처럼 이루어져 있었다. 합당하지 않은 걸 극복하기 위해 이 전쟁 같은 놀이를 만들고 더 나은 관계를 도모한답시고 어느 한쪽이 피해를 보는 게 당연했다.

나 하나 행복한 삶을 살아보자고 슬픔을 비틀고 우리 재밌자고 고통을 느꼈다. 감정을 느끼는 내가 매번 이익을 탐내고 있었다. 어쩌면 세상을 단순한 놀이라고 생각하고 살았다.

언젠가 놀음판은 집어치우자고. 모든 관계에 즐거움이 필요한 건 아니라고. 삶에 있어 감정과의 싸움은 평등하지 않았다. 짐작건대 불합리한 감정과도 상관없이 살 수 있는 세상이었다. 우리는 언제나 외로워도 괜찮은 삶에 모여 앉아 있었다. 행복하게 놀기만 하지 않아도 흥미로운 세상이었다.

결정타

 단 한 번의 선택이 모든 일을 결말로 몰고 간 순간이었다. 보통 그런 일격은 전혀 예상치 못한 찰나의 말이나 행동으로 터져 나왔다. 그것이 무언가 끝장을 낼 줄도 모르고, 모든 것을 단번에 결말지을 수 있다는 걸 깨닫지 못한 채 마지막을 장식했다. 내 입으로 결정타를 날리고 선택으로 최후를 만들고 행동으로 곧장 사라지고 있었다. 그건 승패를 떠나 삶에 있어 가장 참혹한 일이었다. 걸리면 망하는 결정타였다.

 그저 상처만 입힐 줄 알았는데, 돌이킬 수 없는 이별이 되어버렸고 슬픔이 초토화될 줄 알았는데 되레 열불이 나는 건 나였다. 그럴 때 단순하게 미워했던 일도 증오를 불러일으켰다. 그와 동시에 나를 싫어하면 답도 없었다. 다시는 깨어나지 못할 것만 같았다. 일으켜도 도로 주저앉아 덤빌 수도 없었다. 제대로 당한 후였다.

그 힘이 얼마나 강했냐 하면 지금껏 삶에 결정타를 날린 순간이 잊을 수도 없이 기억에 쓰러진 채로 남았다. 그중에서도 유난히 세차게 맞은 순간이었다. 도무지 정신을 차릴 수 없었다.

한밤중에 가족들과 거리를 거닐고 있었다. 당시 나는 어린 나이에 장난기가 발동해 집까지 가는 길을 홀로 우회하기로 다짐했다. 빠르게 달려 가족보다 먼저 도착한 후 조용히 몸을 숨겼다가 뒤늦게 가족들이 나타나면 사속히 모습을 드러내 모두를 놀라게 할 심산이었다. 겨우 숨을 넘기며 집 앞을 도착한 순간 나는 대문 앞에서 몸을 감추려 했다. 그때 한 아주머니가 창백한 얼굴로 도랑에 발이 빠졌다며 발목을 잡은 채 고통을 호소하고 있었는데, 그녀는 숨이 찬 나를 보고 절박하게 도움을 요청했다. 그때까지만 해도 나는 결정적으로 맞은 순간이나 누군가를 때린 적이 없었기 때문에 당연하다는 듯이 그녀를 돕기 위해 다가갔다. 서로가 자못 가까워졌다 싶은 순간 창백했던 아주머니의 얼굴은 함정을 판 사람이 덫에 걸린 먹잇감을 바라보듯 뒤틀렸다. 그녀는 느닷없이 세차게 일어나 내게 주먹질을 날렸다. 그때 첫 결정타를 맞았다. 다시는 일어나 덤빌 수 없었다. 처음 느낀 두려움이었다.

때마침 가족이 돌아와 나를 구해줬지만 나를 때려눕힌 그녀는 이미 사라진 후였다. 한 대 맞고 정신을 차리게 된 순간이었다. 다시는 홀로 작정하고 밤에 돌아다니지 않겠다고 여기게 된 채로 결말을 맞이했다.

시간이 흘러 되돌아보면 도리어 다행이었다. 어린 나이에 심한 장난기가 독이 될 수도 있다는 가르침을 얻은 것 같았다.

그렇게 나는 줄곧 몇 번의 결정타를 맞고 쓰러졌다. 또 반드시 쓰러뜨려야 할 것만 같은 상대를 마주했을 때도 그 아주머니처럼 결정타를 아끼지 않았다. 온 힘을 다한 최후의 일격이었다.

사랑하는 사람에게 상처받았을 때 여전히 일어나지 못하는 내가 세상 어딘가에 있고 내게 아픈 감정을 준 사람은 어디에도 찾을 수 없는 곳에 분명 쓰러져 있다. 그렇게 너와 나도, 우리와 너희도 형체라고는 없는 감정마저도 되찾고 싶지만 마주할 수 없는 순간에 놓인 세상이었다.

내가 마지막으로 자신을 쓰러뜨렸을 때. 네가 내게 결정타를 날렸을 때. 우리가 치고받아서 이별할 수 있었던 것처럼. 감정이 나를 때려서, 결정적으로 내가 감정을 느껴서 종전이 올 수 있었다.

가족처럼 보이는 사람이 나를 일으켜줄 때까지 쓰러져 있어도 괜찮은 세상이다. 요즘은 유난히 새로운 사랑이 눈에 거슬린다. 결정타를 날릴 준비를 취하고 있다.

탈환의 여운을 마무리하며…

 감정을 따라 행군을 나선다. 사람이 쉬지 않고 얼마나 걸을 수 있는지를 생각하다가 부르튼 발을 만져대며 이미 쉬고 있음을 깨닫는다. 때로는 여기 부상자가 있다고 소리치며 들것에 실려야만 살 수 있겠다고 지나치게 걱정하지만 나는 이미 들것에 실린 채 발을 만지작대고 있다.

 그렇게 시작된 전쟁이었다. 아파도 낫기 위해 애쓰는 전쟁. 슬퍼도 행복하기 위한 전쟁. 그리움은 쌓이기만 한다는 걸 깨닫는 전쟁. 미워도 사랑하고 싫어도 살아가는 전쟁. 다 품어보고 깡그리 놓아주는 전쟁. 결국 질 수도 있겠다는 걸 깨닫는 전쟁. 다시 싸울 준비가 됐을 땐 이미 끝난 전쟁. 나만을 위하거나 너만을 위한 전쟁이었다. 내게 사람들은 모두 참전용사였다.

뭔가를 지키고 놓아주고 잃고 되찾고 사랑하고 깨달은 순간을 겪은 사람들이었다. 그때 우리가 어떻게 극복했는지, 또 무슨 자국을 남겼는지 확인할 수 있는 통로는 세상 밖에 드러나지 않는 개인의 감정밖에 없다고 생각했다. 적어도 나는 이 삶에서 마주하게 되는 모든 이들을 대접해야 한다는 걸 깨닫고 있었다. 이미 죽은 사람들의 소식에도 속으로 몇 번을 싸웠는지 예상하고 삶이 얼마나 잔인했으며 어떻게 아파했는지 들춰볼 수 있을 정도의 글을 반드시 남겨야 한다고 여겼다. 나는 쉬지 않고 행군하는 마음으로 이 글을 썼다.

　모든 독자가 전쟁에 출정해 끝내 뜻하는 바를 되찾기를 바란다. 이 글을 통해 삶의 작은 여운이라도 느낄 수 있는 당신들을 여전히 존경하는 마음으로. 상처는 화해로 각인된다는 걸 나타내고 그간 모두가 애썼다는 걸 증명하듯이 비로소 끝나지 않을 것만 같았던 전쟁은 막을 내린다. 피해는 오직 탈환의 여운과 함께 종결되고, 지금부터 새롭게 싸울 수 있는 방법을 찾았기를 바라며 오랜 싸움의 종전을 선포한다. 부디 앞으로도 여운을 잃지 않기를. 제발 싸움이 전부가 아니라는 걸 깨달았기를 소망한다.

탈환의 여운

1쇄 초판 2025년 7월 22일

지은이 | 정해운
펴낸이 | 한예지
디자인 | 이시월

펴낸곳 | 온화
등록번호 | 제2024-000016호
등록일자 | 2024년 7월 8일

이메일 | onhwabook@naver.com
팩스 | 0504-320-7406
ISBN | 979-11-988579-8-9 (03810)

저작권법에 따라 무단 전재와 복제를 금지하며, 도서 내용의 전부 또는 일부를 이용하려면 반드시 저작권자와 출판사의 서면 동의를 받아야 합니다.

파본은 구입하신 서점에서 교환해 드립니다.